簡少年 著

簡少年
現代生活
改 運 書

從日常的作為出發，自己的好運自己造

MODERN LUCKY

自序
改運，讓日子越過越順利

你過得好嗎？

希望看到這本書的你，在看完的一個月後，看到這句話時，內心的聲音會是：「還不錯！」

這是我的第二本書，感謝大家對第一本的支持，才有了第二本的機會，同樣我抱持著這可能是人生最後一本書的想法，來思考到底要跟大家溝通些什麼？

而這本書的內容是集合了我一年多來的各種想法，不過這本是改運為主軸，而不是算命，為什麼這樣安排？因為這是我對於命理一貫的態度，命盤只是讓我們認識有命，但如何過得更好才是至關重要的，所以就在算命書的後面接了這本改運書，希望大家能透過這本書的內容，讓自己越過越棒！

除了改運的內容之外，也加入了一些基礎的紫微斗數知識，來讓對於命理有深度興趣的朋友，可以小小地看到我們命理師每天在看的風景，如果有興趣想要更深入，可以作為一個敲門磚。

至於會不會有第三本書？如果大家真的因為這本書而越過

越好，那我想應該很有機會有第三本，不過第三本是什麼我還沒想得特別清楚，但我很希望能跟大家聊聊「業力」這件事，所以也可能以此為切角吧！

希望大家都能喜歡這本書，如果你不喜歡也沒關係，只要你能過得幸福快樂，就是對於本書最大的支持，願每一個打開此書的人都能過得更好，運氣蒸蒸日上，遇到每一個關心自己的人，都能開朗地說：

「我過得很好！」

感謝大家！過得好也記得跟我分享哦！

目次 Contents

PART 01

思維改運

TIP

你擁有改變未來的力量。

01 為什麼受傷的總是我？
——自己的好運自己造

　　你聽過「受害者情結」嗎？想一想，你自己或是生活周遭，有沒有遇過有種人，總是覺得自己最倒霉、最衰、最不幸？不管做什麼總是被人處處針對，尤其當遭遇阻礙或困難時，他們會將一切矛頭指向旁邊的家人、朋友、同事等等，歸咎給外在因素，外在環境。

　　這種外部歸因的情緒，並不是不合理的行為，畢竟承認自己的錯誤，往往是件相當困難的事。當你經常將「都是因為誰誰誰怎樣，我才會這樣」、「我今天做出這選擇、決定這項投資，都是因為誰誰誰告訴我的」這類的語句當成口頭禪，遇到失利與挫折總是怪東怪西，甚至怪給社會或環境，覺得自己被壓榨、被剝削。這樣習慣性的外部歸因，其實會造成你難以前進。因為這類型的人，只會感覺到自己是受害的一方，沒有辦法將問題帶到內在，去做自我的檢討。

　　看到這裡，你可能會想：「簡老師，那我是不是應該要內

部歸因，經常自我檢討？」事實上，永遠都自我檢討也是一件非常可怕的事。如果你凡事都選擇自我檢討、自我反省，經年累月下來，反而會變成巨大的情緒壓力，會有新的問題衍生。所以外部歸因，並不是不合理的，只是你不能過度將一切都歸咎給外在因素的影響。

習慣外部歸因的人，首先，他感受到這世界對他總是充滿敵意。如同前面描述的，一旦出狀況、遇問題時，他首先認為是別人害他，永遠都是他人造成的問題。再來，他開始責怪你，明明他為你付出這麼多，你怎麼會這樣對待他？不識他的一番好心，你真是不知好歹！他已經認定自己是不幸的人，沒辦法相信怎麼會有人來幫助他。嘗試給予他建議，要不要去廟宇做做禪修，要不要去尋求心理諮商協助，他只會認為你瞧不起他，為什麼不能接受他的狀態？

即使你今天帶著開心的事要跟他分享，他聽完就接著說：「天啊，我好羨慕你！不像我就是很慘，我最近……」，明明是一件好事，在他耳裡聽起來彷彿是在嘲諷他，話題到他口中立刻又變得負面。久而久之，這份絕望與負能量慢慢地移轉、蔓延到周遭人們身上。一旦周圍的人產生負能量時，這就成為了一個新的不幸連結。

以上的情境與場景，我相信大家在生活中都非常容易遇到，甚至有可能就發生在你很親近的人身上。不斷地抱怨，不願意改變，這樣的人就是「受害者情結」很重要的一種體現。

1945 年，奧地利心理學家費尼切爾（Otto Fenichel）就曾提出「受害者心態」理論，這與憂鬱症也有非常大關聯性。一般來說，當在和這類型的人交流時，你能感受到他非常大的無力感，而你其實同樣被無力感給籠罩著。

　　他們往往都很敏感，甚至是尖酸刻薄。第一，他們不能接受任何的批評及被拒絕；第二，他們總是在拒絕別人跟批評其他人。這類型的人，會將自己構成攻擊型人格，對周遭一切事物充滿憤怒。如果沒有好的發洩情緒的方法，他們可能會轉而傷害自己，也許是以自殘的方式對自己身體做出懲罰。任由他自己在不幸的輪迴裡面，將朋友越推越遠，排斥所有想幫助他的人。慢慢地，他們活在悲劇主角的情節裡，並以這樣方式來吸引大家注意。熟悉的人，漸漸對他敬而遠之，只能透過剛認識的人，再次給予他新的同情讓他得到自己是悲劇主角的感受。

　　其實這樣的人，往往原生家庭中，也有成員是同樣的人格類型。或許他有一對總是在抱怨他的父母，讓他在詛咒中成長。充滿負面形容的家庭只會對孩子說「你就是沒路用啦」、「生你這小孩就是浪費」、「你長這樣以後怎麼嫁得出去」。即使原本積極正面、懷抱夢想，仍會遭受這些話語打擊，他會產生認為不管多努力，父母總是會打壓他的心理狀態。心理狀態不夠強健的人，往往都會被這些話語困住，想要逃離原生家庭，他可能會找到另一半，希望能與愛他的人經營往後的人

生，可是因為他認為自己沒有資格幸福，也認為自己真的永遠都有不足，於是開始複製他原生家庭的行為，用批評的方式來經營新的家庭、與另一半相處，同樣地讓他的小孩也進入被父母批判的輪迴中。

擺脫以怨養怨的受害者心態

究竟要怎麼樣才能脫離「受害者情結」呢？**最關鍵因素是要對自己負責**。首先，你要先有體認，所有事情的開端，都是源自於你的認知和想法。當你認定你是悲劇主角，看什麼事情都會覺得自己很不幸，那是因為你只會用這種方式來獲得別人的關注。若你想要獲得幸福與快樂，你就要找到能以幸福快樂來獲得別人關注的方式，讓自己轉而成為喜劇主角。你必須重新思考該怎麼表達，要說哪一句話，做什麼樣表情，要怎麼做才能進到正向循環？當意識到你值得幸福的關鍵時，才有從悲劇輪迴中脫離的機會。

你可能會想說：「簡老師，我真的太痛苦了，我真的很衰啊！」請記得我曾講過的，**所有的好運跟壞運，都是認知對比出來的結果**。換句話說，好與壞都是比較出來的，你覺得你很衰，你很不幸，這些都是你認知出來的結果。譬如說，一個月收入五萬的人，通常他們不會想跟月收入低於五萬的人比較，反而會找月收入破十萬的人比較，有句話說「比上不足，比下

有餘」，絕大部分的人都不比下只比上，因為慾望是無窮的。慾望是身為人的生物本能，驅動著你不斷前進、競爭，你想挑戰的與想要的，其實就只是想贏過心中所比較的對象。

什麼是真正的幸福？什麼是真正的快樂？其實仔細去對比周遭的人，你會發現你是幸福的，的確比你幸運的人大有人在，但世界上比你不幸的人真的太多了！你是喜劇還是悲劇，端看在比較的過程中，你想要什麼、想演什麼。倘若全部習慣外部歸因，你永遠都看不見真正的原因。

換以道家角度來看，這樣的邏輯就是，陰陽合才能生萬物，道生一，一生二，二生三，三生萬物。這邊的二是陰陽，三是陰陽合才有萬物。譬如我們說，東西至剛易折，太硬不夠柔軟，就很容易斷，但是太過柔軟又不容易成形，所以要成形所有萬物的時候，就必須是陰陽合。

任何事件都一樣，若你一昧地將原因歸咎外部，容易落入受害者情結，永遠覺得是別人的問題，不會檢討自己，相反的，你什麼都覺得是自己的問題，也不合理，難道冬天太冷，會是你的問題嗎？當你把一切問題都攬在自己身上，長久下來精神壓力相當巨大，仍然無法獲得快樂，必須學著理性去看待外部歸因及內部歸因。

今天婚姻不順，工作不利，一定是我怎麼了、環境怎麼了。如果想改變換環境，可以選擇買張機票飛出去看看，或是改變自己狀態，讓自己去看本書學習新事物，這樣以不同的眼

光角度來看待問題，也相信會有很好的改變。

前面提到的「要陰陽合才能生萬物」，每件事情都不是非黑即白的狀況，大部分我們遇到的事情都是模糊的。探討一件事時，就必須去獨立解析，哪些是外部原因、哪些是內部原因；哪些你可以改進，哪些沒得改。能夠達到這樣的狀態下，你才能走向你想到的未來。

未來學的規畫：你擁有改變未來的力量

我曾聽過一個未來學的老師分享「未來學的規劃」。第一個節點是，過去的包袱，也就是歷史經驗，你可以想像成你成長的背景。第二個節點是現況，就是現在你在哪裡、你現在是怎麼樣。第三個是未來的趨勢，例如說我們現在知道未來有AI，未來有元宇宙等等。你必須以這三個角度將你的規劃清楚寫下來：你有什麼樣的過去、你現在是怎麼樣、你的未來是什麼。寫完之後，你去推敲你所認為最好的未來，會是什麼樣貌。

舉例來說，最好的未來可能是年薪百萬，或是十年後你能娶到老婆、可以買下那棟房子，這些都是你最好的未來。那最差的未來會是怎麼樣？可能沒有錢、沒有工作、生病等等的，根據過去、現在、未來趨勢，和你的關聯，將構成因子一一寫下：你想達到最好以及最壞的未來，究竟需要哪些條件，又該

如何達成。

寫完之後，在接下來的日子，最好每天都能打開這張紙條，確認今天你做的每個決策，會導致你走向最好的未來，還是最壞的未來，只要會構成最壞未來的因子，就不應該去做，這些就是未來學的簡易公式。

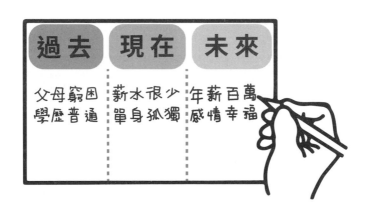

看似兩件毫不相關的事情，其實緊緊相依

前陣子我看了一本書《當和尚遇到鑽石》，其中有個觀念我覺得很棒，不論你出現任何問題，**這些都是由你生活中許許多多微不足道的瑣碎小事所構成**。舉例來說，你和客戶談判時，客戶忽然間跟你翻臉，有可能是因為你在家中跟某位家人翻臉。又或者今天你發現你的下屬，總是完成不了事情，有可能是因為你用負面態度對待一位服務生。

這些看似兩者不相干的事件，彼此竟是相連的，其實放在紫微斗數的邏輯中也是這樣。每個人的命盤有 12 個宮位，一定有宮位有所化忌，也就是不好的宮位。舉個例子，這個化忌的宮位，可能一開始是在你的父母宮，流年的時候，則是代表錢財的財帛宮走到這，財帛宮化忌就要破財，加上這個宮位本來是你的父母宮，就意味著你的破財，會和你與父母相處的關係連動。這就呼應前面說的，看似兩件毫不相關的事情，沒想到會緊緊相依。

從另一個角度來看，只要能解決其中一部分，另一部分也可以連帶解決。我們來看這 12 個宮位與自身最有關係的，通常就是命宮，再來是代表自身健康的疾厄宮，以及工作的官祿宮，剩下宮位則是代表他人，像是父母宮、兄弟宮、子女宮等等。老實說，即便宮位有分自己本身及別人，但其實流年都會走到的，宮位是 12 個輪流嘛，所以這些宮位既是你也是他。紫微斗數中，有個技術叫做轉宮法，你可以透過宮位借用看出父母或其他對象的健康、錢財。

用正向眼光看待周遭，命運就會逐漸變好

所以你以為你只是代表自己，世界是世界，其實不然，你就是世界，世界也就是反映你，你好世界就好，世界好你就好。當你一直覺得別人對你不好，其實你對待自己的方式也不

好，當你在傷害這個世界的時候，同樣也是正在傷害你自己，你在詛咒別人的時候，你就是在詛咒自己。這就是佛家觀念中講到的「不能有分別心」，沒有分別心，是成佛修行過程中很重要的關鍵。

為什麼「不能有分別心」的原理，用紫微斗數來說明，就像是命盤中，每一個宮位都有走到的機會，是揉合在一起的，形成「陰中有陽，陽中有陰」，每件事情它都是共振共性，無法置身事外的，全都代表著你的一個部分。如果你的周遭，正好有受害者情結的朋友，請鼓勵他們試著開始對世界好。用善良的眼光看世界，開始用正向的眼光看待周遭的朋友，只有當你用幸福和正向的角度看待這個世界的時候，這個世界就會這樣子地看待你，當陰跟陽，兩邊都開始互相作用，你就能走出受害者的狀態，進而迎向幸福的人生。

簡老師想跟你說

◆ 好與壞都是比較出來的結果。

◆ 比起在負能量中循環，不如跳出用悲劇角度看事物。

◆ 過與不及都不得中庸之道。

◆ 沒有分別心是成佛修行的關鍵。

02 八字輕重會影響人生嗎？ 解析八字秤重 —— 袁天罡 《秤骨歌》

　　常聽人家講八字輕命薄、八字重富貴，最近我就遇到粉絲提問：「簡老師，八字秤重到底準不準？」相信很多人有相同的疑問，可能是小時候被家人帶去算命，或是出於好奇好玩，算過自己的八字重量，並將得出來數字輕重和命運做連結。

　　以我的夥伴之之來舉例，她就屬於輕的那一端，她透露自己小時候就聽過人家說，八字輕容易被鬼跟，她的媽媽還說家中小孩八字都偏輕，都是「賤命一條」。但只要認識現在的她或她的家人，就知道根本就不是什麼賤命，甚至可以說過得不錯。

八字的輕重，究竟準不準？

　　所以八字的輕重，到底準不準？對自己的人生、命運又有

什麼影響呢？在回答之前，先科普一下八字秤重的技術。首先，這項測算方法又叫「袁天罡秤骨歌」。袁天罡是唐朝著名的玄學家、易學勘輿大師，換句話說就是唐朝的國師，他最著名的事蹟就是遇到襁褓中的武則天，便算出武則天會當皇帝。他只看了一眼，甚至不確定眼前襁褓中的小孩是男是女，向武則天的媽媽說「真可惜啊！如果這個小孩是女的，未來就是真龍天子。」類似這樣的敘述。後來有傳言，這是運用相術，透過脖子而看出來的，因為脖子像鶴般細長也是一個貴相。

除此之外，他還有一位師兄弟，唐朝的天文學家李淳風，他們兩位共同著作了《推背圖》，雖然後人考證對版本內容眾說紛紜，但仍是一本可以預測未來政權更迭、中華文明未來的著作。

◈ 《秤骨歌》的測算方式

秤算八字的《秤骨歌》亦是袁天罡發明的秤骨預測算法，測算方式就是將你的出生年、月、日、時間各自對應的重量加總後，來告訴你的命多重。

而在《秤骨歌》的計算邏輯中，八字越輕的確代表命越苦，是真的很苦。舉例來看《秤骨歌》中最輕的，就屬二兩，二兩一稱做「終身行乞孤苦之命」，是不是真的好慘。「短命非業謂大空，平生災難事重重，凶禍頻臨陷逆境，終世困苦事不成」，看了真淒涼啊！

從二兩一路往上看，看到五兩，突然就感覺得到命運的差異。八字五兩重的人，衣食無虧一生富貴之命，和我們前述的二兩已經完全不同等級。他對五兩人的描述是：「衣食無虧，一生富貴之命。為利為名終日勞，中年福祿也多遭，老來是有財星照，不比前番目下高。」這裡提到「為利為名終日勞，中年福祿也多遭」，也就是說你每天忙碌但也很有錢；「老來是有財星照，不比前番目下高」，就是老了還有財星照，反正你會越來越好野（有錢）啦！

說實在的，我自己的《秤骨歌》算是準的，因為我八字不重，可想而知《秤骨歌》一定寫得滿慘的。「一生財來復去，難得大富之命。此命般般事不成、弟兄少力自孤行。雖然祖業須微有，來得明時去不明。」一生財來復去，難得大富之命，講的的確是我，我就是超級散財戰神，拿到錢時很開心，賠掉的時候就當作沒看見，不過一生就是平平安安啦。「弟兄少力自孤行」，這就真的很準喔，因為我是獨生子女當然沒有兄弟，而跟我八字同重的之之，雖然有兄弟姊妹，卻因為四處奔波、海外工作等原因，以前見面機會沒這麼頻繁，不過她的兄弟倒是滿常替她解決問題，有力出力的，所以也不全然都準。

◆ 還有其他影響八字的因素

所以八字的輕重，到底準不準？我是覺得沒那麼準！第一點，八字還得分乾命與坤命，也就是男命、女命，男女不同命

運也會不同。這也是為什麼我和之之雖然八字同重量,在她身上卻特別不準。可能有人會好奇,女命是不是將男命的解析反過來就好,也不完全對,因為這牽扯到行運邏輯,運勢狀態本來就不一樣。

第二點,以秤重的邏輯去做加加減減,會有重複的數字,也就是不同八字也能得出相同重量數字。因為這本質上是在計算一個概率,並沒有參考命的基底或是運的基礎。實際上八字看的是你出生年、月、日、時的天干地支這八個字,八字不一樣,「命」本來就不一樣,「運」理所當然就有差異。但對應在古代選拔官員或人才等實用面上,這項秤骨技術就能方便他們快速篩選出合適的人。這項技術厲害之處就在於,「掐指一算」就能算出這個人命的貴賤結構。或許可以想像成西方的生命靈數,運用西元的出生年月日相加,得出你是幾號人,單以方向性來看,可以知道好或不好,內容多少有準確性,不過要看細節時就沒有那麼準了。

如果想要更確切知道自己命的好與壞,我會建議去看八字測算網站的批註,還是會比《秤骨歌》更精確。除了找出你的日主,就是你出生那一天的五行屬性,還有你跟其他大運小運的互動,都會比《秤骨歌》的詩句準得多喔!

八字輕重的解釋

如果你已經測算完你的八字輕重，看到上面寫得不好，其實也不用太在意，因為很多運氣好的人，八字重量兩數可能也是屬於低的。加上古代中國的測算技術有項特色，習慣描述絕對的好與壞。以現在大家較常接觸的西方測算技術來說，前面提到的生命靈數，或近幾年很流行的人類圖等等，在分析解釋的用字上都是屬於中性的，所以不用過度在意八字輕重的解釋。

那八字輕的人到底會不會容易被鬼跟，或是容易見到鬼呢？說實話，這主要不是八字輕不輕的問題，可以想成是你的運爛不爛？照常理來說，運氣背或衰，氣比較弱，的確就容易見到鬼嘛。你想那些富貴之人，古書上都講說他們是星辰轉世、天人轉世，那些鬼看到他們的時候，其實看到的是他們的靈體，如果你是什麼關公轉世，怎麼敢來弄你？當然這世界上沒這麼多神明轉世，但你只要是跟這神明附屬相關聯的，自然而然就不會遇到這些了。

◆ 吃素、多行善、多唸經

最後鼓勵大家不妨可以嘗試吃素，若從紫微斗數角度來看，因為有其對應的十二地支，十二地支剛好都有對應的動物，如果你吃到宮位對應的動物，就會不太好，像我自己這兩

年亥位都不太好，我就減少吃豬肉的頻率。如果你真的屬於八字輕的人，很容易小事化為大事，要是《秤骨歌》測完發現自己不足三兩，在這邊誠心建議大家，你屬於極端值，盡量不要從事危險運動，晚上少出門，懷抱感恩的心，對自己都是比較好的，多行善、多唸經都有幫助，總之不要讓自己暴露在危險之中，都是好的。

簡老師想跟你說

◆ 八字與命運的關聯度沒有那麼高。

◆ 八字輕可能小事化大事，但不代表真的容易被鬼跟啦！

◆ 如果你的八字真的是極端值，建議晚上少出門，不要從事危險活動。

03 睡覺姿勢、〇〇毛的長短,身體每一處竟然都能看相?

　　在社交場合認識新朋友時,常常會被對方以玩笑式提問:「老師,你除了會看面相之外,還會看其他地方嗎?」接著就會一連串的列舉,肩膀、屁股、腿等等的部位。雖然我心裡明白,對方的提問是出自好玩,隨口問問,但現在我要認真告訴大家,其他地方也是可以看相的喔!

從《永樂百問》看奇葩面相

　　面相的古書裡面,除了記載臉部部位的面相之外,其實也記載很多很奇葩的相學。事實上在古代看相,經常是以全裸姿態,好讓相師針對你的運勢,一次看個徹底。本篇將介紹明朝知名相書《永樂百問》,帶大家認識除了面相之外的特殊看相。

什麼是《永樂百問》呢？永樂即為永樂帝，明朝第三代皇帝，明成祖，也稱作永樂大帝。因他性喜相學，正好他的宰相是知名相師袁柳莊。袁柳莊的來頭也不小，著有《柳莊相法》一書，影響現代相學，深受永樂大帝賞識。《永樂百問》即是由永樂大帝提問，袁柳莊回答作為架構，集結成冊的一本相書。他們對談的內容，是非常具有面相與歷史價值意義，內容多是關於皇帝基於自己生活周遭發生的事情，借為引用的契機點，再詢問袁柳莊如何以相學來分析解釋。

　　例如，皇帝問他，後宮三千佳麗中，怎麼沒有一位是臉方的？因為永樂大帝屬於方臉型的，想找一位跟他相似的。這時候袁柳莊就回說：「凡面方者為虎相，必犯煞星，豈能入宮為貴人。」意思就是面方者的人為虎面，以古人的角度來講，這面方的女生比較剛猛一點，怎麼能成為王妃呢。

　　袁柳莊接著答：「凡女型如鳳者，方為大貴。鳳型面圓長，上下相配，眉弓高、目細秀、項圓長、肩背平，此乃真貴，縱不入宮，亦不失為夫人。」意思就是，貴人臉要圓長，整個人上下相配，身長的狀態要好，整個身體要比較豐滿，才是一個貴人。這樣的人，即使不為王妃，也可以嫁入一個比較好的夫家。

　　再節錄一段有趣對話。永樂大帝說：「我找一個相師來看王宮女啊，然後這相師卻告訴我說：『她未來會成為國母。』但是我就不喜歡她啊，怎麼可能可以成為國母呢？」袁柳莊聽

完就說：「非國母福薄，但聖上子星未現，故此不寵。彼生成國後，命壽延長，若要出得太子，必定是她。」意思是，她不是沒有這個福氣，只是因為皇上你還沒有要生小孩。如果未來你要生小孩的時辰到了，一定會是她來生出太子。「永樂未信，後三年復寵，果生太子。」沒想到後來真的是這樣，三年後就由她生出太子了。我們可以看到，這相師看完，連誰會是之後的國母都能知道，這已經不只是看一個人是不是在好的狀態，甚至連他到最後會在什麼樣位階，都有機會看得出來。

我們再往下看一段，裡面寫說，選妃用綿認厚窮令女走出汗來，此是何說？

袁柳莊回曰：「非令女走出汗來，乃知其體香若何？凡女人體香，方得大吉。」沒想到，原來選妃要用厚棉被把汗逼出來！連汗的味道都很重要，要香香的才有大吉。這個相師不單單看相，連對嗅覺也能夠掌握。那講到這個女生要香香的，香汗淋漓，肯定會提到毛啦。永樂大帝又問，女人陰毛長，主貴賤，何說？

袁柳莊對曰：「當時漢國母呂太后陰毛長一尺八寸，黃如金色，卷於陰上，用手扯開過膝，放手覆拳。故名為金線綴陰，主極品，亦主多淫。」

這邊講的是，你想要成為一位國母，不只陰毛要超級長，一尺八寸，還得要金黃色的，扯開來要過膝，放手可以把手包起來，可以捲住你的拳頭。聽完怎麼有一點點像是黑山老妖的

感覺。

除了選貴妃之外呢，對於生貴子，永樂大帝也是很看重的。他便問，小孩有爵位的人，到底是要怎麼看？袁柳莊就對曰：「乳頭圓硬耳如霜，當受子爵。項皮寬厚臥蠶高，子立朝綱。欲生貴子，還須枕骨雙峰，欲產俊秀，還看臍深腹垂。」白話翻譯就是，乳頭要圓硬，耳朵要亮，才叫做甚好嘛，此外你的臥蠶得飽滿，脖子很寬厚，就更是厲害。後腦勺的枕骨要起，肚臍要深，深到能放顆李子。

下一段是：「老來封贈，須觀背厚腰豐。食子天恩，定是皮和血潤。觀封君不獨一處，此數者俱許身榮。」背要厚、腰要寬這樣才好，若是整個人氣色好，氣血紅潤，那就更厲害啦！這裡開始提到臉部以外的相學，包含有講到乳頭跟肚臍的深度，都非常重要。如果兩者狀態不好，就會影響子女的運勢。要看一個女生的小孩好不好，也不能單單只看臉，必須把衣服脫掉看乳房跟肚臍，才能真的去確認到底會不會富貴。《永樂百問》中，因為是由永樂大帝來提問，可以看到他主要是針對王妃挑選作為討論，而男生的討論就比較少描寫篇幅。

《公篤相法》中的特殊相學

接下來，我們來討論另外一本相書《公篤相法》，能夠看到一些男生比較奇特的相法，《公篤相法》是一位民國時期的

相法大師陳公篤的作品。本書是他基於現代的認知以及古代的相書，融合民國初年的時代背景加以整理的一本相學祕笈。以前古老的相書，內容所討論的可能都是中國人，但這本書問世時是民國初年，已經開始跟洋人有互動。所以這一本相書就會討論到一些洋人的狀態。

第一點，因為以前中國地大物博，單看福建人和河北人就差很多，因此這本書裡面也有細化，介紹每個地方不一樣要注意的事項，還有一些關於身體特別部位的相法，我們就節錄其中值得參考的，以及我覺得比較有趣的部位來介紹。

首先來看腳趾，此書把腳趾的形狀分成：圓尖長短。圓的腳趾，代表一個人衣食充足具有祖產，而且有名聲。尖的腳趾，代表這個人要離鄉發展，勞碌而且波折比較多才能有所突破。長的腳趾，代表反應快，遠行千里又能有一技之長。最後，短的腳趾呢，代表這個人比較隨遇而安，可委以重任、穩定工作。這些內容到底有沒有參考價值呢？其實我覺得滿有參考價值的，我的腳趾比較長，我的確就是有遠行千里，並且具有一技之長，在算命的領域還可以。腳趾的確是可以參考的部位，不過我的腳趾雖然長，但前頭有點圓，我倒是沒有繼承祖產。不過，我的工作的確受我父母相對大的影響，包括爺爺奶奶都是有信仰的人，所以我認為還是值得參考的。

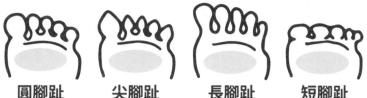

圓腳趾	尖腳趾	長腳趾	短腳趾
衣食充足	勞碌波折	反應快	隨遇而安

　　再來，講完腳趾就來看腋毛。首先，不能夠沒有腋毛，這個是大忌！沒有腋毛代表你內分泌有很大的問題，跟你沒有眉毛、鬍鬚是比較像的。再來就是毛一定要細軟，不能粗硬，跟頭髮比較接近的。腋毛若是比較粗硬的情況下，你就容易勞碌，而細軟就代表這個人比較貴氣，所以除了頭髮要細軟，腋毛也要細軟。再來就是關鍵，書上講說腋毛聞起來要香，如果香就是富貴之人，為王妃的腋毛來著，非常厲害啊！

　　講完腋毛，接著來講男生的丁丁。希望隱晦的講丁丁不會讓大家覺得不適。丁丁分成紅色跟白色的兩種，紅色的代表出生環境好，而你的另外一半還能幫夫，小孩會很有出息，可以說是「好棒棒」。而白色丁丁，代表的是非常有智慧，能夠成為思想家，未來子女，也都會屬於智慧非凡的類型，屬於有智慧的「好棒棒」。能從丁丁看出來一個人的思想和智慧，真的很特別。你可能想問，簡老師，那其他顏色呢？老實說常見的那些顏色，就都是一般啦！一般來說不符合這種不夠紅或不夠白，你就屬於比較勞碌的，還是要紅潤或是要白到晶瑩剔透，

才符合「好棒棒」。

　　除了顏色，接下來還分成活的跟死的。活龜就的條件是，彈性好、能屈能伸，有時很長。代表這個人他的眼光遠大，能屈能伸，彈性很強。而這類型的人，子女特別多，而且還都很富貴。因為他會識時務者能俊傑。但如果你是死龜，就是比較大卻沒有彈性，這樣就比較勞碌，得認真幹活才有飯吃。

　　除了外型之外，想不到連精液也都是有學問的，分成熱的跟冷的。熱的，代表你的子女健康好養，要多熱呢？當然是越熱越好，最好會燙手。冷的，則代表子女容易生病，越冷越少的甚至不容易受孕。大家有空的話，不妨可以用溫度計來量一下溫度，如果比平均值來得高，屬於溫的或熱的，那就恭喜你，你也是「好棒棒」啦！

　　正面看完了，背面也順便來看一下吧！背面要看的是肛毛，主要分成亂、細、無毛，這三種類型。肛毛如果一亂，這個人就比較勞碌，要付出才會有收穫，因此不容易遇到天上掉錢這種不勞而獲的事，且通常感情容易有挫折。而毛如果細軟，賺錢比較輕鬆，平日為人也屬於平和有禮貌，一生基本順順利利，感情也是比較容易平穩。最後如果是無毛，代表這個人是亂世英雄，熱愛冒險，一生大起大落，爭議是非會非常多，所以無毛也比較屬於異象。以上是面相以外，和身體其他部位比較有關的相學，但其實相學不僅有本來的生理樣式，行住坐臥都能用來觀測。在《公篤相法》裡，也記載臥相學，平

躺睡、側睡還有趴睡，這幾種類型是比較常見的，其中竟然還有一些我沒有聽過的睡相。整本《公篤相法》把臥相列舉幾十種，以下先挑我認為比較特別的幾種。

第一種是「武睡」。連同「文睡」一起看就比較容易理解。文睡，就是靜靜睡，武睡則是睡覺的時候會腳踢拳打，代表這個人有武將命，好動心亂，會容易勞碌一點。再來捧腹睡，從字面上拆解就知道，睡覺的時候一定是將雙手捧在腹上，雖然這姿勢感覺很像肚子痛，但這樣睡姿的人相對穩定，一生不容易有大煩惱，衣食不缺，屬於好的臥相狀態。

第三種是「遮陰睡」，這是我覺得比較奇葩的，意思是在睡覺的時候，會把手放在陰部遮住。單手遮住就睡覺時候以單手遮陰部，這種臥相叫做喜怒無常，多才多藝。如果雙手遮陰，則代表這個人聰明過人，可是做事不太正派。到這裡已經開始超越我可以想像的睡覺姿勢，但更奇葩的還在後面。

第四種叫做「佛睡」。就是睡覺時候會將雙手合掌，雙腳盤膝，不管往左睡或右睡，基本上都是維持這樣的姿態，這種臥相的人平安有福，有大壽命。最後一種是我最想要達到的境界，叫「仙睡」。這種睡法是當你睡覺的時候，鼻子不用呼吸，是用耳朵呼吸，所以你碰耳朵時可以感覺到有氣，這樣臥相是為大貴又大壽。真的是非常之不可思議，到底是什麼樣的情節，才能發現這些奇葩特殊的睡法。

除了上述提到的各種特殊的相學，最後再分享一個有趣

的：毛長在特別的地方，其實也是有對應的好處哦！例如說，你發現有一個人，手臂有長毛，毛很長就容易貴顯，腳背長毛，毛很多，也是屬於有點貴顯。若今天這個人又溫文儒雅，就會有一點外濁內清的味道，也就是這個人看似很冷靜，但內心其實是很有冒險精神的。前一陣子我參加一個喜宴，就遇到一位朋友是身上手臂毛很多，也很長，面相看起來就是很文靜的一個人。他的眼睛很秀長，非常斯文，看起來像紳士一樣。當我在跟他聊天的時候，便進一步詢問他是在做什麼的，沒想到他回答是無業遊民，我心想這怎麼可能，看這個富貴之相就不可能。

後來細問才知道，原來他是在做了一些投資以後，已經達到財富自由了。所以說，毛長在不同的地方，對應的富貴狀態也會有所調整。如果你看到朋友手毛很長，但是看起來很文靜，就可以知道他一定不是普通人，他未來在事業上或財務上肯定會有不錯的發展。

其實要認真探討，還有很多有趣的相法，包含女生的生殖器也有對應的相，走路的方式、說話的模式、站姿等等；甚至能透過面相知道前世今生，這部分在清朝的相書裡都提及類似的內容，由此可見相學真的是博大精深，在古人的統計裡，都能找到其對應的解析內容。

對於自己的睡相，可以觀察一下，以後不要輕易說你的另外一半或朋友睡相不好了，不妨研究一下，說不定他的奇特睡

相，具有某種特殊的意義。而不管丁丁或者是肛毛，大家有空的話都可以去研究看看啦！這些平常不會注意的小地方，也許能從中發現不同樂趣。

簡老師想跟你說

- ◆ 除了面相，什麼相都有其象徵意義。
- ◆ 特殊看相請在正常狀態下幫人看。
- ◆ 有些人很不喜歡自己的手毛長，恭喜你們，這是貴氣的象徵喔！

04 犯太歲了怎麼辦？
太歲應該怎麼安？

　　每到新的一年，大家就會開始關心起自己是不是要安太歲？或是太歲要怎麼安？這幾年我發現，很多人其實從來沒搞清楚，自己是不是需要安太歲。安太歲前，先來讓大家了解犯太歲是怎麼一回事，又是什麼情況下你會犯太歲。

　　在古代歷史中，你一定聽過有個特殊「避諱」，就是一般百姓是不能和皇帝取相同名字的。例如，皇帝叫康熙，你就不能用康，也不能用熙，而為了迴避你就得改名字。其實「犯太歲」的由來，就是相同的概念。

　　假設 2023 年太歲是兔，屬兔的人竟膽敢跟太歲一樣，所以你就得謙卑地道歉。這樣的邏輯，大家有比較好理解嗎？之前有粉絲聽完後，留言問我：「簡老師，可是神明不是度量都很大嗎，怎麼會在意這件事呢？」我老實說，相信康熙應該也沒這麼在意你有沒有跟他撞名啦，但是周遭的人就是覺得這樣行為大不敬，就變成一個禮數。我相信有人想問，如果犯太歲

是因為跟太歲星君撞生肖，為什麼要分正沖跟偏沖呢？這背後其實得探討到玄學的十二地支，十二地支裡面卯就是兔，酉就是雞，所以酉跟卯是對沖，因為在地支的位子上這兩個剛好是相對的位置。對沖的意思就是，跟太歲星君同一年已經很不敬了，你還對沖到他，你不禮貌就要跟太歲星君道歉，所謂的安太歲就是要表達你沒有不敬的意思。

安太歲：把「地支」補好

簡單提一下，太歲最早指的是木星，因此古代也稱木星為歲星。因為木星約每12年運行一週天，後來就演變對應十二地支。天干有10個，地支則有12個，乘起來理論上是120

個，但因為有重複，就剩下 60 個。我們講庚子年，就是一個天干「庚」加一個地支「子」，這 60 個組合就是我們熟悉的「六十甲子」，而六十甲子又對應到 60 尊太歲，通常會有 60 尊或 60 面牌子擺在廟的一個地方，中間則會有一尊看起來像是佛教的女神，叫做「摩利支天」，所代表的是斗姥星君，負責掌管所有的星辰，就是所有的星星都歸祂管。

為什麼古人要說：「太歲當頭坐，無災也有禍」呢？我們從所謂的四柱八字──你的出生年、月、日、時，就能看出一些端倪。首先，出生那年的地支決定了生肖，沖到年是我們比較熟悉的部分，那月、日、時呢？以 1987 年六月 25 日下午六點為例，1987 年為丁卯年，六月為同樣是一組天干地支組合，為丙午；25 日則為乙巳，最後的下午六點為乙酉，就這樣得出了八字。這天出生的人，到了 2023 年又遇到卯年，屬兔來說是正沖犯太歲，理論上是最危險的，但其實出生年月日時，這八個字裡面任何一個字被沖到，都是會產生某種變化，而且是劇烈的。

在八字裡，一旦被沖到的時候，就代表被沖到的部分容易出事，因為「沖」顧名思義，就是會有東西容易被沖掉或是出問題。不過出問題有可能是好的，舉例來說，如果你生長在有家暴傾向的家中，家人長期對你家暴，結果今天因為犯太歲關係，他被沖掉了，對你來說就是好事一件。（即使以現實層面來說，仍然是一個負面的事，這邊僅作舉例參考。）

沖太歲有問題，為什麼犯太歲正座也有問題，這點就是比較有趣的。換句話說，如果你的祖上的結構不好，例如你爺爺奶奶、或你跟爸爸媽媽關係不好，這種情況在算命的說法叫「引動」，也就是當出現同樣的符號的時候，會變得更顯著。假設說你屬虎，可是你爸跟你關係非常惡劣，你又走到虎，虎的現象進而加強凸顯這情況，你會更慘，因為你的慘被加倍了。你可能想問，老師，慘會加倍，那「好」會不會加倍？「好」當然也有可能會加倍，不過大家往往都是對慘比較有感啦。

拆解八字的邏輯

該怎麼拆解藏在八字裡的邏輯呢，首先年干跟年支的組合，主要和你的父母有關，但也會影響到祖父母。再來是月的天干地支，月是跟兄弟姊妹比較有關，同樣有時候也會影響到父母。再往下一層的日干日支，就是跟自己有關。假設你是丁日出生，那你就會屬火命，若是甲日出生，你就是木頭命。最後的時是與你的小孩有關。

◆ 月

月的地支其實是整個八字的核心。因為你的命是屬於很熱還是很冷，正是跟出生月份，即春夏秋冬四季有關。你在春、

夏出生一定是很熱的環境，冬天一定很冷，從八字的邏輯來看，如果你是冬天生的火，你的火就會超小，因為冬天冷嘛！而如果你是夏天生的水，也比較不好，因為夏天水都比較乾。如何能知道自己是火還是水，就是看出生那天，日的地支對應什麼。甲乙是木頭、丙丁是火、庚辛是金、壬癸是冬天，然後戊己是季節交換。所謂的交換，就是春夏交換秋冬，換季就屬土。循著這套邏輯就能夠從中知道你是什麼命人，假設你是夏天的火，那你的火會很旺很大，你周遭最好是要很冷，才能把你澆熄一點，達到平衡才好。

但如果沖到你的月支時，因為理論上是把你的季節給沖掉，很容易出事。假設你本來是個很平衡的火，平時大家分掉你的火，結果月沖直接把你的夏天沖掉，進入冰天雪地，那你就沒有夏天了，旁邊都是水，這樣就會出事。反之冬天裡平衡的水也是同樣道理，所以沖到月，論嚴重也是很嚴重。如果你說，老師我獨生子女，沒有兄弟姊妹，是不是影響比較小？其實也沒有，因為仍然可以沖掉你的合作夥伴，或是沖掉原本幫助你的人、同事或合夥人，突然翻臉也有可能。同樣道理，即使是沖到日也很嚴重，日的地支是另外一半，也組織你的身體健康。所以如果你的「日」被沖爆了，你的婚姻可能會出問題，同時你的身體也容易出問題。

◆ 時

　　小時就是沖你的孩子，相對來說沒有前面來得影響這麼大。但要注意的是，沒有小孩的人，沖的有可能就是你的下屬，而且必須是親信；不熟的不算在內，沒有下屬的話，寵物也算。朋友因為是平輩，就不屬於這條件。

　　看到這邊，你是不是認為沖到小時，似乎是最不嚴重的呢。實際上，八字有趣的地方就在於，它排序的規則也是由前往後；最前面代表是你的小時候。所以最前面是年，年的這段影響是一到20歲，月份這支是20到30歲或40歲，往後推算。即便每個流派會有點不同，但最後面通常都是晚年。你可以這樣記：年的這支是小時候，月是青少年，日是成年以後，時便是晚年。所以當你年紀越大，被沖到時柱，就越是危險。

　　其實，整個地支都是不能被沖到的。有次在節目中，就跟大家分享說，萬一年月日時，四個都是同一根就很可怕，一次沖到全部中。當地支全毀的時候，你就會發生堪稱天翻地覆般的變化，是非常危險的，也代表你的命非常不穩定。而天干跟地支就像天與地一樣，是連動的，所有天干都必須附著在地支上。如果四根全中、全毀，代表你的地板撐不住，天也會跟著塌下來。切記，地支一旦被沖到爆，命運一定會發生天翻地覆的影響。所以安太歲的緣由，就是為了把地支給補好。

解析沖太歲、穿太歲

那講到安太歲，大家直覺想到要安的一定有本命年，例如2022年虎年，就是屬虎的要安太歲，2023年為兔年，則是屬兔的要安太歲，以此推類，這是屬於絕對不會搞錯的。但有些人會問，除了正沖怎麼還有偏沖？這邊教大家怎樣看「沖」這件事。

你可以下載任何一個紫微斗數的APP，你就會發現紫微斗數裡，一共有12格的方格，其實是照著地支順位排的，通常你點了其中一格後，會有一條線射到斜對面，這就是對沖，也就是沖太歲。

除了沖以外，還有個叫「穿太歲」。我們假設現在有12個格子，凡是跟你垂直的、直直往上的，就是穿。在八字或說地支的邏輯裡，寅跟巳是穿的。其他還有的組合有，子未相穿、丑午相穿、卯辰相穿、申亥相穿和酉戌相穿。那穿太歲會怎麼樣呢？穿太歲跟沖太歲有點像，就容易出事，而且是兩邊都會有影響。假設你屬兔，兔跟老虎一樣代表木頭，所以你很有可能肝膽、眼睛等有問題；而辰也就是龍，屬於土，代表脾、胃、口，這些也會出問題，建議還是去安一下，把太歲的影響力壓下來。

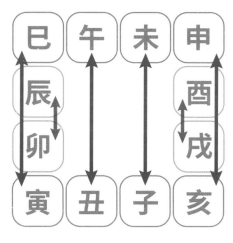

▲ 六穿

　　有些人可能聽過六合，合一般來說在八字系統裡面不算是有害的內容。只是「合」這件事會讓東西消失。舉例來說，你拿一個木頭加上水，合在一起後，這塊木頭就不是原來的木頭，而改稱為「濕木頭」。用最簡單方式理解就是，它的狀態形體改變，變成了新的東西。雖然實際上產生的問題，不會像沖太歲或穿太歲這麼嚴重，但我還是會建議大家，不管屬什麼都可以去安太歲，因為除了年以外，你不知道還會沖到你的月，還是日，還是時。

　　我的夥伴之之就提過，她爸爸每一年都幫全家安太歲，而且全家生活在一起，如同前面所提，四柱八字所影響的關係不同，可能會沖到父母、兄弟姊妹等等，有交互影響的可能，最好方式就是全家都安吧。不過要特別留意的是，安太歲跟點光

明燈兩者效果是完全不同的。光明燈本質不是給太歲星君的，目的是你奉獻給神明，希望神明看顧著你。太歲燈則是跟太歲星君說：「不好意思，小的無意犯沖你，希望不要發生問題。」

除了安太歲之外，在道教有個技術叫「藏魂」目的是將你魂魄蓋住，讓好事壞事都不要找上你，類似披上一件隱形斗篷，只求平平淡淡過完這一年。若你覺得你遇到很多倒霉事，或是擔心今年會很倒霉，就可以透過藏魂讓自己不要出大事，今年就認份好好當個平凡人。

▲ 六合

逢「九」生日不要過？

　　大家是不是有聽過一句「逢九生日不要過」，或是勸你盡量低調一點，不然會倒霉。通常第一次會在 19 歲那年，有些人可能早一點，或是晚一點。身邊也不少人會好奇，這種說法的來源根據，我到目前是還沒參透「逢九不慶祝」的邏輯，但已經有些眉目，大家可以作為參考。這個習俗是從印度占星學傳來的，在他們的星學中有兩顆星，分別是羅喉星、計都星，都被歸類為凶星，而且是每隔幾年就會輪一次。也就是說，每個人每年都會有顆星星負責，只是每年輪到的會是不同的星，因為這兩顆都是凶星，所以走到羅喉、計都都代表會很危險。所謂凶星，嚴重就是會導致家破人亡，甚至是妻離子散，非常慘。其中羅喉星是每九年會有一次倒霉的時間，可能與逢九的由來很類似；而同樣是倒霉的凶星，計都星也一樣有自己運行的值年表，兩顆星是不同年的。

　　但你可以發現，我們今天講的是逢九，並不是每隔九年。另一個有趣的事，就是所謂的西方星體一般是用實歲，從實歲一歲開始，而古占星主要是用虛歲，事實上該用實歲還是虛歲，我覺得沒有一個定論；但我覺得用虛歲會準一點。其實你如果不仔細去追溯原理，看古代歷史，是真的有逢九必出大事的邏輯。因為十進位裡，九是一個最終的數字，九是一個結束，所以每逢九的時候，如果用來慶祝，就好像你在慶祝一個

結束，有點恐怖。所以在古代也有跳過九這件事，因為不希望結束，大概是這樣的概念。

萬一逢九又遇到要安太歲，會代表今年很衰嗎？單以邏輯上看是這麼一回事，實際上你找算命師算，反而不一定。因為像我們在 2022 年講 12 生肖的運勢時，老虎並沒有特別衰，所以倒不一定，每年都會有所不同的。如果犯太歲時，你人剛好在國外工作、讀書，也不用太擔心，玄學是沒有距離的，只要展現對太歲星君的誠意，即使透過線上安太歲方式也可以喔。

另外，簡老師也常遇到有人問，地支會不會沖到風水？答案是會的。和犯太歲同樣的道理，因為你不能在太歲爺頭上動土，以 2022 年來說，寅的方位是東北方，所以遇到你家東北方挖地，就會比較倒霉。2023 年是卯，就是正東邊，以風水佈局來看，就是不能在正東挖土。如果是別人在挖土，像是捷運施工啊這種，其實也會倒霉的，就可以去跟太歲爺說聲抱歉，不好意思，不是你在挖。還好到了明年太歲又會再換邊，除非你真的很不巧遇到挖一整條，從東北一路挖到西北，那你這個可能是十年大運，真的不太好，會建議你搬家。但不用太過放大，因為這種動土通常是指你家看得到為主，假設你住臺北，並不是說東北方城市在挖，你都會倒霉。

以上就是讓大家理解「太歲」，可以盡量避開這些問題。如果你假日在咖啡廳，發現正東方位有個小朋友在挖土，就趕快換位子不要讓他在你東方挖土啦！

◆ 安太歲前先了解犯太歲是怎麼回事。

◆ 不只年會沖到地支，你的月跟日同樣要注意。

◆ 地支也會沖風水，可以看簡老師給大家的風水佈局建
  議喔！

05 世上真有完美之人？
這樣做讓你命盤更完美

　　你是否也曾經羨慕別人看起來似乎完美無缺？自己明明付出許多努力，好像仍達不到理想的樣子，怨嘆自己不夠好、不夠完美。

　　開始之前，我想先分享一則最近遇到的算命案例。之前因為朋友的關係，與演藝圈比較有接觸，有天他說有個女性朋友想找我算命，問感情問題，感情問題滿常見的，沒想到這女性的身分很特別，她是位選美冠軍，當她抵達我們公司時，彷彿是位超級巨星，整個人容光煥發，我內心暗自想，這種不外乎是喜歡上富二代，愛情不順；再不然就是太多人追求而產生問題。沒想到，一打開她的命盤就發現，她是個很老成的人。她生活過得很養生，喜歡碎唸，人際交往上，相較於外表，她更在乎對方精神層面的想法、對哲學的理解，總之跟她的身分及外表都完全八竿子打不著。

　　接著我發現她命盤上更有趣的顯現是，戀愛次數非常之

少，我忍不住問她：「妳談戀愛次數不多吧？」她立刻說對，長這麼大只談過一次戀愛。因為她的夫妻宮是非常空的，代表她對感情這件事，沒有懷抱太多想法，甚至覺得想接近她的人都太幼稚了！對她來說，因為她會思考得比較長遠，一旦談戀愛就是要往結婚的方向走，也是這個緣故她才沒交過什麼男朋友，而她想要問的感情問題，就是「什麼時候才能遇到她的真命天子」？

從這個案例，我想跟大家分享的是，有時候我們單看一個人外表，像她非常光鮮亮麗、美豔動人，很難聯想到，她的煩惱竟是沒辦法遇到她的真命天子，無法結識能與她身心靈都能交流的靈魂伴侶。

因為瑕疵而忽略原本有的好運

但從命盤角度來看，卻是很公平的。每個人一定會有好的地方，也會有反面、不好的地方，只是大多數時候，我們只會看到他人好的一面，甚至會把沒有看到的地方，也自動腦補代入好的聯想。看到選美冠軍，就覺得她一定很多男生追求、感情世界很豐富，受到很多人愛戴，然而事實上可能完全不是這麼一回事。當我們看到一個人，看似過得很糟，坐困愁城的樣子，說不定他其實精神生活上比你以為還來得豐富，搞不好喜歡他的對象，比你想像還多。

同樣道理，你拿出自己命盤來看的時候，你會發現現在的你可能很好運，只是因為你內心過度放大不好的部分，讓你覺得自己過得不順遂。舉例來說，也許現在的你工作運好，財運也好，但你卻只注意你的另一半不好，他就是不夠體貼、不夠溫柔，先生怎麼不多拿點錢回家，為什麼他的工作能力沒有你好，導致你要這麼努力賺錢，羨慕別人可以財富自由。又或者是，你嫁了工作能力好、很會賺錢的另一半，但他總是不做家事，不帶小孩，事情通通推給你。

我們往往在看與自己有關的，都只注意到瑕疵點，而看別人的時候，卻只看他好的一面，因此會陷入自己不如人、羨慕他人的比較心態裡。但事實上，你可能過得遠比你想像中還要好。其實我們在生活中總有太多慾望，雖然慾望能促使我們前進，保持動能，但也是因為慾望，才會讓我們產生比較、覺得自己並不完美。

數量對等的吉星跟凶星

以紫微斗數來看，可能我們會覺得父母宮差，就和爸媽關係不好；感情不順就是夫妻宮不夠好，或是看到子女宮不好就覺得小孩書念得不好、不夠孝順，再不然財帛宮不好才會永遠都賺不夠多，買不起房子。紫微斗數的 12 個宮位裡面，你隨便都能找出一格來抱怨的，越往下延伸，就越覺得自己活得這

麼辛苦、這麼不快樂，到底是為了什麼。

　　不過在紫微斗數裡，吉星跟凶星數量是一樣的，非常公平，若你有一格不好，就會有一格好。同時，紫微斗數也是非常寬容的，因為天干會對應出四種變化，在這四種變化中，就有三種是好的；第一種是「化祿」代表錢，第二種是「化科」代表出名，第三種則是「化權」代表權力，剩下不好的只有「化忌」。所以我們就能知道，當有一個不好的出現，代表能換到三個是好的影響，而且每個人都是一樣的，有好有壞。當你看到他人光亮的一面，別忘記在照不到光的地方依然會有陰影，畢竟沒有人是完美的，每個人一生中都會有所缺憾，只是成長歷程中遇到缺憾的時間點不同。

　　有些人可能最慘的時候發生在小學，例如小學時桃花超爛、財運超爛，但是這對小學生來說根本不重要。小學生對桃花毫無需求，所以再爛也不重要；財運差也同理，一位小學生財運好能買多少東西？沒有錢財運差，其實同儕可能跟你也沒什麼分別，因此對這時的你來說，都構不成影響。有些人二十幾歲時，可能要拚事業必須到外地工作、離鄉背井，與父母變得聚少離多，但卻能專心奮鬥拚事業，也沒有所謂的好壞，因為真正的好壞與否，取決於你的觀點。當你處在好運的時候，你可能比較不會去想，只有回頭反思的時候，才會有感而發地覺得那時候真不錯。但其實不論在哪個時間點，好壞的多寡都是存在的，只是你以什麼樣的角度去感受、去思考。

再舉個例子，大多數人到了五十歲以後，最在意的事情就是健康。但還在二十多歲時，熬夜、作息不正常的大有人在，因為那時健康不好沒有關係嘛，等到五十歲的時候你才會意識到健康的重要。人生本來就是有好有壞，只是每個年齡階段不同，你的重心、重點，以及你所在意的節點不同而已，若是能夠換個角度去看你所擁有的好，相信你的人生自然會更加開闊。

　　回到那位選美冠軍的命盤。我告訴她如果想找尋真命天子，就該往學者、公務員類型的方向去找，簡單來說就是找生活單純、簡樸，可以和她交流探討哲學性問題的，而且可能得由她主動出擊。這位選美冠軍聽完直說，她生活中根本沒有符合這類型的人選，一個都沒有，更不用說她所待的圈子裡，每個人生活一個比一個還多采多姿、豐富精彩，怎麼可能會有數十年如一日的上班族類型。第二點就更難了，她目前為止遇到的追求者不是富二代，就是企業老闆，從沒遇過學者型的人，加上她生活非常封閉，因為工作關係得日夜顛倒，平常都是睡到中午才起床，聽起來與我給的方向大相徑庭。就在她以為愛情會就此碰壁的時候，她遇見了她的真命大子，如同我講的一般，是一位看起來想像不到會是她男朋友類型的人，而他具備多維想法觀點，亦能夠和她一起探討哲學、哲理議題，這才是她真正想要尋找的對象。

　　我常常聽到會有人埋怨：「我周遭的人都很無聊、無趣，

遇不到可以吸引我的男（女）生」，或是說「好希望可以吸引演藝圈那種浪漫環境的人」，殊不知你厭煩的生活樣態，是別人非常想要得到的；而你羨慕的環境卻是別人急著擺脫的。這依舊呼應前面所說的，你眼中的垃圾可能是他人的黃金，你認為他人完美的生活卻在他眼中滿是缺陷。若你願意，試著靜下心來，看看自己周遭，認真去判斷自己所身處的環境，是不是真的有你想像中那樣的糟糕？還是在你停下來的那一刻，能夠發現其實這環境還是非常可愛，不管是你家門口的一棵樹、鄰居種的小花小草，竟然也可以帶給你開心，讓你感受到自己身處在美好之中。

面相透露每個人不同的人生過程

從面相上看，也是一樣的。我常被很多人問到，學會看面相最大的好處是什麼？我認為就是不嫉妒別人；因為當我們看著別人的時候，就能夠看見他的完美與不完美。教大家一個簡單的判斷方式，一個人耳朵比較小，或是耳朵不圓，就能知道這個人小的時候，大概是一至十五歲，過得非常非常辛苦；他甚至可能在那段期間就嘗盡人間所有苦頭。他的父母可能也都在忙，沒辦法關注到他，導致他一生都非常勞碌，兢兢業業、如履薄冰，導致他內心孤獨感很重，同時也非常地焦慮，即使他今天看起來雍容華貴，獲得許多外在亮麗的評價或事業上的

成就，也都是他在小時候一路吃苦走來的。

　　還有一種人，講好聽是每天過得很愜意，說直白一點就是整天一事無成，懶懶散散的。這類型的人之中，有些可能喜歡畫畫，有些喜歡寫書，看似做這些事賺不到錢，看不出有什麼意義，但看到他的面相就能發現，他的鼻子很挺拔。鼻子挺拔的人，通常會在四十歲開始大爆發，屆時就會知道，原來他現在做這些看似沒有意義的事，都是一種累積的過程，只要等到了四十歲，一切都會開始走上坡。所以有些人現在水深火熱，過著痛苦不堪的生活，其實都只是在塑造美好未來的過程。依照同樣邏輯，你再去看看身邊有些四十多歲成功人士，可以發現他們的眉毛既濃又黑、眼睛大，然後額頭很窄，這樣的面相代表他在四十歲前可說是非常艱辛刻苦，一路跌跌撞撞才走到這裡。當你學會看面相，就不再會去羨慕他們，因為前面吃了多少的苦痛，都一目了然一清二楚，也才明白世上沒有完美的人生，只是每個人的生命歷程走在不同的階段，不同的時光。

　　有段美國流傳的短詩，就寫道：「每個人都有屬於自己的時區，你並沒有太快也沒有太慢，不需要拿自己的時區與他人相比，要相信生命中的一切都有美好的安排，在自己的時區裡一切都是準時的。」接受現在當下的自己，才真正有完美的人生。

　　不管很多人來問我修仙是什麼，或是很多宗教在探討怎麼樣能夠得到喜樂，其實都是一種一元化的邏輯。好與不好，都

是透過對比而來的，所謂的完美，就是已經沒有可以對比的，就停在這裡，它就是一個好的狀態。當永遠都只有好的時候，無時無刻你都覺得自己處在非常好的狀態中，才有可能達到所謂的「完美」。

所以一旦你能走向這過程，生活就能真正達到永遠的快樂，以佛教的語言來說，就是大家常講的「西方極樂世界」，這其實是一元化的認知。以道教的邏輯來看也是相同的，回到道的層面，你讓自己看待永遠只有一元、永遠只有「樂」這個狀態，也是達到真正的完美。希望大家能體悟一元完美的過程，常常練習及理解沒有人是完美的，換個角度看世界，生活才會變得更好。

簡老師想跟你說

◆ 你羨慕別人的時候，有可能他也有羨慕你的地方。

◆ 不需放大自己不好之處，紫微斗數世界裡好壞都是公平的。

◆ 沒有人是真的完美的，學著接受當下的自己才有美好人生。

06 想要朋友多？
跟著做就能改善你的人緣

「在家靠父母，出外靠朋友」這句耳熟能詳的俗語，充分地表達了人脈的重要性。但要能在外頭有朋友照顧依靠，用說的容易，做起來並不簡單，隨著年紀增長，與人交際、交朋友也不再像學生時代那樣容易簡單。該怎麼做才能改善或拉近你和他人之間的關係，在這分享一些我個人的體悟，希望能對有需要的人有所幫助。

改善人緣：不批評、不責備、不抱怨

過去我在學習算命的過程中，有本書對我日後的人生有重大影響，就是卡內基的《人際關係學》。雖然寫得很粗略，使用上應該要配合臺灣的風土民情，但用在改善人際關係上，還是相當好用。

卡內基最有名的原則，就是「不批評、不責備、不抱

怨」，乍聽之下是同一件事，但其實都是不相同且超難的事情。不批評，顧名思義就是面對每一件事或是他人的時候，不要去批評。你可能會想，不去批評人聽起來很假耶！我倒是認為你可以思考，你批評的目的是為了什麼？只是為了滿足自己嗎？舉例來說，你走過去劈頭就對朋友說：「我覺得你今天穿得很醜。」這是單純發洩你的感受，像重重的一拳，往他打下去，沒有任何意義，只是讓他不開心而已。如果你是認為他穿得不好看，想要提醒，其實有許多不傷人的講法，例如：「我覺得你昨天那一件穿得很好看，這一件也滿不錯啦！但是好像沒有昨天那件那麼適合你對吧！」

　　絕大部分感受性的東西都是主觀的，你覺得醜的東西有人覺得好看，你覺得好吃的東西有人覺得難吃，所以當你做出批評的舉動時，其實你是出自內心希望對方變更好，那麼就該改用正向的角度去提醒他，這才是做到不批評的關鍵。

　　再來談不責備，當你看見別人做錯時，你會說他怎麼老是做不對、怎麼又錯了？如同前面的方式，試著以批評人的角度去思考，為什麼要責備他？是抱持著恨鐵不成鋼的心情，希望他好才這樣講話嗎？還是單純只是想噴他一句？

　　為什麼現代社會強調不要打罵，要用愛的教育，多給予正向鼓勵，就是因為不斷的責備，只會讓一個人失去信心。事實上，你該做的應該是要一步步引導他來完成。舉例來說，小朋友學不會算術的時候，你一定是從最簡單的 1+1 開始教他，不

可能今天學會 1+1，明天就要他會 2×3，應該是 1+1、1+2、1+3……，慢慢一步步教。每個人面對困難或做不好的事，反應都是一樣的，你若是希望幫助他，可以試著找找背後的原因，藉此幫助他站起來。當你的出發點是希望他變好，就應該是用幫助與引導的角度。隨意地責備，只會打擊對方信心，進而影響人際關係。

最後就是抱怨。我相信每個人生活都伴隨著許許多多負能量。常常一天下來，明明值得開心的事不少，但只要遇到一件鳥事，或是讓你不開心的時候，很容易便掉進心魔的控制，放大心中的不愉快。這是生物生存的本能，必須透過記住不愉快，才能提醒自己下次要避免相似的事情發生。例如，我今天被火燙到，要是我明天就忘記的話，明天就會再被燙到一次。人對於痛苦的事情特別容易記住，十件事裡，九件愉快的事一下就忘掉，反而那一件不愉快的事，特別容易被記住，這是因為人類底層設計，必須要忘記愉快，人才能夠不斷地向前進。如果你現在就處在滿足狀態了，天性就屬於知足常樂，那麼你就會停滯不前，慢慢就消失，就像是大家常說的「生於憂患，死於安樂」。

只是這樣的生物機制下，我們總是記得不快樂，總是輕易就抱怨，變成了不快樂、愛抱怨的人。但要知道，快樂是對比出來的，若你可以轉向去看你所擁有的，減少你的抱怨，你會發現你的處境其實已經比大多數的人來得更好，甚至可能也比

昨天的自己來得更好。

例如，你今天買了一臺 50 萬的車，後來你又改開價值 200 萬的車，你一定會覺得 200 萬的車非常好開，油門踩起來也非常爽，所以剛開始都還是開心的。直到某天遇上塞車，即使依然開著 200 萬的新車，只是因為爽感降低，也開始有了可以抱怨的地方。這就是我們一直在說的，爽感是會遞減的，但你的痛苦確實是恆定在那個位置，只能靠著你的認知去轉換你的痛苦。

每個人都一樣，沒有人會喜歡跟愛抱怨的人在一起，所以我們要做的不是抱怨，而是反過來去珍惜和惜福。你試著想像看看，旁邊有一個人一直在抱怨，跟另一個一直在感恩惜福，你應該比較願意跟感恩的人來往。

以上是基本的三個原則，沒有人希望被批評、被責備、一直聽抱怨，若你今天的目的都是往利他出發，你的人緣想必是會變好的。

學會讚美、感謝、關心

生活中很多東西都值得我們去看。例如，你家門外種植的樹，在開花的時期很美，但因為你趕著上班，可能從來沒有停下腳步關注過。又或者你的同事、同學，不管是染頭髮、剪頭髮，或穿搭新衣服，其實他們都是精心去打扮的。

之所以沒有注意，是因為我們的目光，大多會停留在我們喜歡的人、在意的人身上，而習慣以後，對周遭旁人的任何變化，就漸漸都沒有感覺。事實上，所有人都希望自己是被關注的，當我們在照鏡子時，不只是自己看了滿意，看了喜歡，也希望能被別人肯定。因此，日後你在面對每一個人時，試著多關心和關注周遭的每一個人，內心就自然而然產生讚美，如同你希望被他人重視一般，你也會同樣重視它，給予真誠的讚美或感謝。

說完以上三點「不批評、不責備、不抱怨」，接著反過來講感恩。世上沒有人喜歡做白工，每個人在幫助別人之後，都會希望得到他的一句感謝，或是任何正向反饋，而不是好像我給你的幫助是應該。因為沒有人「應該」為誰做任何事，因此當他今天選擇負起這個責任，我們就應該感謝他，感謝上天或是感謝我們的環境，給我們這麼負責任的夥伴，或是這麼負責任的家人。

即便他做的事情再微小，小至倒一杯茶給你喝，幫你開車；甚至是你消費買東西，他給了你很好的消費體驗，雖然會有人認為，我花了錢，他就應該要這麼做，因為我是消費者。但這是兩件事，你付錢、他負責給予服務，但他要不要盡責任，他是可以選擇的，這不像數學公式寫好，他可以選擇給你一個美好的一天，也可以給你一個糟透的一天，所以當我們在生活中獲得任何一個體驗美好的時候，別忘了真誠地去感謝

他：「因為他給了我一個美好的一天，至少他沒有給我一個糟糕的一天」，一旦你開始有利他的想法，你的運氣和你的人緣都會隨之變好。

跟朋友見面的時候，關心他過得好嗎，不是客套敷衍地說「喔喔，不錯啊、加油」，而是發自內心的關心他說：「我覺得你看起來好像滿愉快的，有什麼好事發生嗎？」或是「我覺得你看起來有點難過，有遇到什麼痛苦的事情嗎？」當你真誠付出關心給予他人的時候，這個人一定會非常感動。即使他表面上可能想著關你什麼事，但你既不冒犯又很真誠，他一定能夠感受到你的真心與溫暖。

不過有的時候，太過熱情會有反效果的。透過面相來看，如果是顴骨很開的人，或是顴骨很大，但顴骨沒什麼肉，甚至摸得到骨頭的人，他們的關心就是很強硬的，他想要強迫別人做事，因為他覺得他是為你好。因此我們如果是要真誠關心他人的時候，也必須考量，到底如何對方才能接收到我對他的關心與溫暖。

在我們生活中，很少有人會真誠地詢問：「我能不能為你分擔一些什麼？」因為真誠關心別人，其實非常需要技巧，需要花點時間跟精力去想一想，才能夠做到這件事情。

對話與傾聽

　　如果有人想跟你交朋友，你也希望找到一個認同你興趣的人。當你說到自己興趣是看漫畫，或者在研究NFT，他熱情回應你說：「哇！那你的NFT是怎麼樣，可以跟我分享嗎？」這樣可以讓被詢問的一方感受到自己的東西是有價值的，因為對方願意深層地傾聽，讓人感受到極大的尊重。

　　回到卡內基的故事，一個人跟專家在聊天時，長達一小時的聊天裡，他只講了五分鐘，剩下55分鐘都是讓專家說他的東西。問專家聊得怎麼樣，專家回答：「我聊得非常開心」，事實上，聊天的關鍵，就是聆聽和多談論別人的事情。

　　當你一步步深入去探討對方好的、想要展現的部分時，他就覺得找到一個知音。很多人有社交恐懼，覺得和陌生人間有距離，不知道聊什麼也有點尷尬等等。不妨反過來想，了解一個人就像是在閱讀一本書，隨著章節進展一一了解他的過去、他的優點長處等等，讀完這本書的時候，對方勢必也感覺你非常尊重他。你也可以表達心得，關鍵是從他過去經驗中，找到引起共鳴的環節，肯定他過去的經驗。這與一般自顧自的單向提問或身家調查式的提問完全不同。透過真誠地好奇與正向回饋，絕對有助於改善你的人際關係。

爭辯：所有的對錯是對比的

　　人際關係中，難免有無法避開爭執的情況。生活中經常會突然就進入了爭辯的場景，雙方你一言我一語，便開始爭辯起來，只是為了證明我對你錯。但如果你證明他是錯的，他會開心嗎？還是他會因此願意跟你交朋友呢？答案是都不會，他只會覺得你站在他的對立面。

　　所以，所有的事情我都建議不要爭辯。你可能會想說：「老師，不要爭辯的話，不就變成是很鄉愿的過程嘛！都不爭辯，不就是沒有對錯可言。」

　　我從道家的角度「所有的對錯是對比的」來解釋。我們在爭辯這件事情對錯的關鍵的時候，首先必須思考一件事，他是從哪一個角度出發去看這件事？他看待事物的角度，其實包含了「他今天的心情，他讀過的書本內容，家庭原生是什麼樣的環境，他所接受過怎樣的教育，以及他人生經歷了什麼。」所以他看待的角度，事實上是由許多複雜的內容所構成，當你今天跟他論點不一樣的時候，你必須去思考，為什麼他會以這個角度來談論這件事，試著去理解這個世界，遠比證明你是對的還重要。因為我們要知道的是真正的資訊和確切的內容，所以必須去聆聽和理解他為什麼這樣想，和他是在站在什麼樣的角度。當你們出現對立時，並不代表你是對的或錯的，僅僅表示你們的立場可能受到背景、過去的經歷、經濟水平等等影響。

基於這點，你們的爭辯是不具有任何意義的，一昧的爭辯下去，很有可能面臨雙輸的結局，他輸掉他原本的好心情，而你失去了一個新的朋友。所以切記不要爭辯，即便如果你今天目的，是要讓另外一個人知道他的看法有問題。

　　你覺得以你的觀點，沒有辦法讓他看到這一點，那你要做的事情，就是讓他也站在你的位置，或者是你要知道的是他現在在什麼樣的位置，為什麼是這樣看待事情。到了這個時候，你才是真誠的利他，而為他好。你的人緣才會變好，而不是無謂的爭辯。

表達方式

　　你必須學著具象化表達你的想法，不然沒有人知道你在想什麼，假設我們現在腦海中想了一條魚向左邊，魚是藍色的有尾巴。有了這些提示後，大家開始畫，你會發現，你跟你旁邊的人，或是 A 觀眾、B 觀眾，甚至是我畫出來的魚，絕對長得都不是 100％一樣。

　　我們覺得不就是藍色的魚嗎？事實上你們畫出來，一定是會很不一樣，我們唯一有的共識就是畫出來，魚可能都向左邊，也說不定有人會畫反，畫在右邊。這條魚的想像空間很多，包含藍色是哪一種藍？這條魚尾巴要大的還是小的，尾巴是長的還是短的等等，諸如此類。任何一個想法在每個人腦海

裡面都不一樣，即便只是畫一條面向左邊藍色的魚，都可以出現如此多種組合及答案，我們又怎麼可能在生活中，瞬間讓別人了解你腦海更複雜的想法。

所以不管是工具或文字，甚至用各種方式去輔助，讓你的想法出現在他面前，可以充分地降低彼此之間誤會。我們知道，人際關係的破滅非常多時候都是誤會所造成，很多時候夫妻感情出問題會找專家，而專家一開始會給他們畫板，叫他們用寫的來溝通。這是因為透過文字描述的過程，才能更完整地去表達我們的想法，從中判斷我們的分歧點，到底是否由誤會所構成的。不會有人真的像你肚子裡的蛔蟲一樣懂你，沒有人能真的知道你在想什麼，所以盡量透過具象化的方式去表達你的想法，讓對方可以理解。

顧及他人的面子

「尊重別人」這句話，用看的很容易懂，事實上在我們生活周遭，卻常聽到別人會說「你這樣真的很笨」、「你弄那個東西你是白痴嗎」這類負面的方式來表達。你可能會想說那是因為當下很緊急，而且我也是為他好，不然我應該要怎麼講呢。舉個例子來說，假設你今天忽然發現褲子拉鍊沒拉，走在路上時，你會希望旁邊的朋友大喊：「欸！你拉鍊沒拉。」還是小小聲在你耳邊提醒：「你拉鍊沒拉。」大家應該都比較

希望是後者吧。所以我們常講讚美別人在大街上，但別人的過錯留在私底下講，就是因為公開地指責別人，就如同你把他的尊嚴在地上踐踏，這樣你們要如何做朋友，如何尊重彼此。你都不能尊重他了，怎麼能期待對方要尊重你。即使他現在忍受你，在他心中依舊可能會產生對你的不滿，甚至有些轉化憤恨，這些不就與你當初「為他好」而好意提醒的出發點違背了。原本是一片好意，卻因為你的不注意，傷到他的尊嚴，進而使他產生憤恨的心情、丟臉的感受，這絕對不是你要做的事情。如果你希望建立人緣，就該讓對方感受到跟你當朋友的美好，感受到尊重，甚至可以讓他覺得和你在一起的狀態會變得更好。以這些面向作為出發點時，一定要切記，無論對方狀況多差，你的好意提醒，一定得小聲跟他講，或是到後面再跟他講，不要大庭廣眾之下指責別人的錯誤，或大聲指正他的錯誤，讓他難堪，這絕對不是一個成熟的人要做的事情。

另外，有些話也要看場合說，如果不分場合說就是白目，在做任何事情之前，再三思考這麼做會讓他有面子嗎？還是會讓他出糗丟臉？如果站在他的角度想，會讓他沒有面子，那就不要去做。

總結以上的內容，我想告訴大家的就是，當你遇到任何人，都把他當成一個個體，並且謙卑看待每一個人，這非常重要，同時也是建立人緣的方法。畢竟你不尊重其他人的時候，其他人又要怎麼尊重你。交朋友其實就是一個雙向過程，衷心

覺得別人是重要的,別人也會同等對待你,並且運用我們剛剛所講的那些方法去做,不要虛假,而是往真誠的方向去,你一定會得到很好的人緣。這些就是我想分享如何讓人緣變好的重點,希望大家都可以人緣變好,朋友越來越多。

簡老師想跟你說

◆ 常記:不批評、不責備、不抱怨。

◆ 學著感恩、聆聽與讚美。

◆ 謙卑並尊重每個獨立個體。

PART 02

戀愛指引

TIP

依然單身？

來找找適合的方法、增強月老的能量！

07 一秒辨認！
身旁的他是孽緣還是正緣

　　當緣分來到，躲也躲不掉。乍看是一句相當老套的話，卻總是在「緣分」發生時，會在你腦中出現的一句貼切形容。你相信緣分嗎？我有位朋友就分享一段緣分的故事。

　　朋友來自屏東，他有個好朋友，以下簡稱 A 女，A 女跟他一樣，在屏東土生土長，算是好麻吉。畢業之後，他跟 A 女都來到臺北工作，由於兩人在這都人生地不熟，於是就想藉著生日聚會，找彼此同事「相揪」一下，邊慶生邊拉近彼此距離，說不定也能認識到不錯的異性朋友。

　　生日當天，我朋友的同事帶來一群朋友，當中有一位男生 Jason。高高瘦瘦，身穿藍色西裝，戴著粗框眼鏡，A 女一看到就覺得這個人怎麼會這麼眼熟，於是上前問他。

　　「Jason 我是不是在哪裡看過你？」

　　Jason 看著她，露出一臉茫然回答：「沒有吧，我不太確定欸！是在哪個朋友的聚會裡嗎？」

A 女搖搖頭，因為之前她都待在屏東，不太可能有機會在臺北認識 Jason，但總覺得哪裡怪怪的，有股說不上的熟悉。因為兩人都沒有眉目，這話題就沒有繼續下去，就各自去找朋友寒暄。

　　直到要切生日蛋糕的時候，因為牆上做了生日布置，還貼著 A 女從小到大的照片，Jason 看著看著，他在一張照片前停了一下。A 女覺得很奇怪，他怎麼一直盯著同張照片看呢？便再次跟 Jason 搭話。

　　這次則換 Jason 說不上來，為什麼眼前這張照片會帶給他熟悉感。兩人一起吃著蛋糕，結束這場生日聚會。因為兩人都跟對方有股熟悉感，因此在生日會後，他們持續聊天，聊著聊著也約了幾次會，對彼此都有了好感，開始交往。隨著感情日漸穩定，他們決定要同居，Jason 來到 A 女家中，幫她打包東西。在打包過程中，Jason 再次看到很多張女方小時候的照片，他看一看後就跑去跟 A 女說：「欸，妳看一下這照片。」女生接過照片一看非常震撼。到底他們發現了什麼樣的祕密，會突然這麼震驚呢？

　　原來是 Jason 看到 A 女的這些照片裡，有很多張的背景都有拍到一個小男生，而這個小男生，無論是長相跟衣著，都跟 Jason 小時候一模一樣。他就把有拍到小男生的照片都挑出來，拿去給 A 女看。A 女一看發現，真的耶，怎麼她小時候的照片中，裡面都有個和 Jason 小時候模樣一樣的小男生。

一問之下才知道，原來 Jason 的奶奶住屏東。小時候每到暑假，他的爸媽就會將他送去屏東住兩個月，由他奶奶帶著他在屏東到處玩耍。屏東其實沒有多大，對小朋友來說，能玩的地方可能就是那些，所以當他們在同樣地方玩的時候，剛好 A 女爸媽在拍照，就把 Jason 給拍進去了。正因如此，A 女才會在初次見面的時候，對男生有股說不出來的熟悉感。最後這兩人結為連理，還生了小孩就定居在臺北，不定時會在假日一起回屏東，看看家人及親戚。

所以說，緣分是不是真的很奇妙？

緣分的奧祕

緣分看得出來嗎？的確可以，從紫微斗數跟八字，以及面相，都有機會看出一些緣分的端倪。

◆ 從八字看

以八字的邏輯來看，你會發現當八字越形互補的人，他們本身越有這種相吸的感覺。八字的邏輯是你的小草，或是你的水，跟季節互動的關係。你到底是屬於缺水的，還是不缺水的？如果，你是屬於缺水的，而遇到有很多水的人，你會發現你們在聊天的過程中，莫名就特別合得來，進而能成為朋友；甚至還能成為工作合作的夥伴，更有趣的甚至還能結為連理。

像這種就是相合的狀態，也是我們常說「命中註定的緣分」般的感覺。有一拍即合的人，當然也會有無法相處的人，你會發現，有些人你怎麼嘗試就是合不來。例如說，你本身已經是一個超級乾的木頭，結果對方的五行，剛好是會傷害木頭的。這種情況下，你會發現再怎麼樣都沒辦法好好相處。而且只要你們兩個人遇到一起，就會有層出不窮的問題，做事不順利、各種的不好，甚至會有各種不同的衝突。這種就是我們常常講到的，孽緣。

◆ 從宮位看

從紫微斗數上來看，紫微斗數裡有 12 個宮位，每格星星都不一樣。例如說，在你的交友宮裡，有一個紫微星，你就會發現你跟紫微星坐在命宮的朋友，特別容易相處。原因就是因為他剛好符合你交友宮的狀態。同樣邏輯，如果換成夫妻宮，假設你夫妻宮裡有一顆貪狼星，那麼容易和你曖昧的對象，或是在一起的人，他的命宮很有可能就是貪狼星，這是一個簡單判斷彼此關係和緣分，或是有沒有機會在一起的一種方式。

另外有一種是，很喜歡對方，但在一起時總是互相傷害，如果你的夫妻宮剛好等於對方的主星，更深度的合盤技術看之後發現，你們只要一談戀愛就會相殺，你們只能當朋友，不能談戀愛。這種就會形成很常見的「渣男孽緣」。你好喜歡他，他也好喜歡你，可是你們兩個總是彼此互相傷害，在感情中總

是分分合合，沒有辦法好好在一起。在紫微斗數上，可以用合盤的方式看出來喔。

◆ 從面相看

面相上最常講到的就是夫妻臉。常常聽人家說，哇！這兩個人有夫妻相，代表他們兩個好像很有機會談戀愛，很有機會結婚。但是為什麼會有夫妻臉？其實面相的邏輯裡認為，如果你們的五官長相是比較相似的，就代表了你們的五臟六腑狀態同樣是相對比較像的，就有機會彼此之間價值觀是相像的。因為你們口味雷同，行事作風相像，例如你們休閒娛樂都喜歡爬山、都喜歡打電動，這些都屬於兩個人有夫妻臉，面相長很像的時候，容易發生的狀態。

反之，也有一種互補的。互補的面相同樣是屬於容易有緣分的組合。像是瘦子跟胖子容易變朋友、高的跟矮的容易變朋友，原因是，當你們面相上差距極大的時候，其實代表彼此命中的五行結構，可能差距很大。當雙方相處在一起時，能達到互補的作用。

因此在感情上面，如果你發現一個人的五官都很大，例如說眉毛很濃，眼睛很大，鼻子很大，嘴巴很大，耳朵很大，但配上一個五官都很小的另外一半，這代表著這兩人的相處，能夠起到神奇的互補作用，這種也屬於我們所說的緣分。

兩個人要不是很相像，不然就是互補，這兩種緣分在一起

的時候，都是相對比較容易長久。

如果你是屬於都很喜歡彼此，但在一起時總是互相傷害，那我會建議，真的可以檢查一下你們是不是屬於孽緣。

太歲合盤

常常有很多人來找我，「好希望讓簡老師幫我合盤。」以前我只有在這兩人要結婚時才幫別人合盤。但現在很多想要合盤的人，不一定是想結婚，可能是遇到的對象太多了，例如，今天滑個交友軟體，當下有三到五個，就想來合合看，看誰是她最後的真命天子；也因為現代人相處時間越來越短，不希望投入大量時間才決定要不要跟一個人走到最後，就是不想浪費時間啦，所以通常會在很早期就先來找我合盤。因此我有設計一套太歲合盤的服務，運用紫微斗數非常經典的太歲入卦技巧，將你的紫微斗數命盤，結合到另外一個人的出生年月日後，再合到你的命盤上。透過這樣方式，便可以從你的觀點來看，你跟這個人的緣分是什麼狀態，值不值得發展，可以快速知道現在遇到的對象，有沒有機會在一起。

而太歲入卦的技術，最方便的地方就在於，你不需要對方出生時辰。原因是你總不會一次跟那麼多個同樣出生年月日的人互動，但前提是這個人一定是要你有互動的，就可以運用合盤技術，快速分辨出來你跟現在的曖昧對象，或是你現在想要

在一起的對象，究竟是有緣無分，還是有緣有分。

有興趣的朋友，不妨試試看，就可以節省你的時間，不必花太多時間在有緣無分的對象上，轉而投入到有緣有分的方向來好好相處，一起修成正果。

簡少年真愛太歲合盤請進：

回溯到前世的緣分

關於緣分，不一定是只有這一世的緣分。有的緣分可能還與上一輩子有關。我的一個朋友，有一天去她姐妹家裡玩，發現姐妹家裡有一隻新養的貓，這隻貓有一半的臉黑黑的，一半是白的，她一看到這隻小貓，就覺得格外親切，而她抱起小貓的時候，小貓的表現也像是跟她很久沒見面一般，特別和善親切。她就想說是為什麼呢？這隻貓特別親人嗎？

直到後來有次，她透過一個方法去看自己的前世，她就看到她某一世，在山上被一些士兵追殺，追殺的過程中，她弟弟對她說快逃，於是她就被其他的夥伴拉走。可是她弟弟還在現場，就被士兵殺死了。弟弟因為被炸到，所以半邊臉都燒焦了。而替她看前世的那個人就說，其實妳已經遇到妳弟弟了，最近有沒有遇到什麼樣的人和事物？她仔細一回想，就是那隻小貓。

才知道原來她前世的弟弟，投胎到她朋友家，變成這隻小貓，希望跟她這世能再續緣分。下一次她又去看這隻小貓的時候，就抱著小貓跟牠說：「我終於找到你了，我們又可以在一起了。」

從前世延續到今生的緣分，是不是真的很神奇。而緣分這件事情，不是只有感情的緣分。

簡易孽緣分辨法

事實上在紫微斗數的技術中，可以做出很多不同的合盤。有的人，適合跟你一起投資，卻不適合當朋友。有的人適合當朋友，可是不適合談錢。也有的是適合當朋友，但不適合當情人。這些各式各樣的狀態，都能透過紫微斗數合盤的技術，很細膩地分辨出來。現在你旁邊的這個人，跟你適合什麼樣的關係呢？

透過這樣的合盤，就能快速找出你該怎麼樣跟他相處，才是維持比較好的狀態。因為你跟他當朋友的時候可能是貴人，但換了狀態可能變成孽緣喔。

關於孽緣有個簡單的辨別方式。回到紫微斗數的邏輯裡，查看你的交友宮，假設你的交友宮是貪狼星，然後貪狼星底下有寫一個忌，也就是貪狼星化忌時，這不是代表你要跟貪狼星交朋友，而是說你如果跟貪狼星的人交朋友，你就會很衰。你

就可以用這個方式，快速找出你命盤裡的「忌」在什麼宮及什麼星底下。例如，你的夫妻宮裡面是武曲星，在底下有一個忌，同樣邏輯就是你如果愛上武曲星的人，你會很衰。

這是一招簡單又快速辨別孽緣的做法喔！

簡老師想跟你說

- ◆ 緣分來了擋不住！
- ◆ 相像或互補兩種都是不錯的配對組合。
- ◆ 從忌落點宮位快速辨別孽緣在哪裡。

08 拜月老求桃花沒效？ 原來是你不夠了解月老

　　每當感情有困擾、戀情不順，或是想祈求好姻緣的時候，直覺就會想到要去拜月老。網路上可以找到非常多拜月老的教學，從供品、參拜流程以及怎麼還願，哪些禁忌等等，不論影片或是文章都不勝枚舉，但卻很少人知道月老的由來。這篇先來聊聊月老的來歷，以及拜月老的緣由，如果能多了解月老的典故，相信未來在參拜的時候就能用正確的態度來祈福，會對你更有幫助喔。

月老的由來：
對著月亮讀書的老人與來自陰曹地府的掌管者

　　在唐朝元和二年，在杜陵有位名叫韋固的書生。有天，他要去清河找朋友，在途中先借宿在宋州宋城縣南的一間客棧裡。當晚，他在客棧和一位張姓客人聊天時，張姓客人對他

說：「韋固你怎麼還沒娶老婆？我看我把清河太守的女兒介紹給你好了。」於是就約定好第二天早上在龍興寺的門口碰面，轉達女方是否也有意願。

隔天，天還未亮才四更的時候，韋固就匆匆地起床，趕緊前往龍興寺，雖然張姓友人沒出現，倒是看到了一位兩鬢斑白的老翁坐在臺階上。這名老翁，身倚著一只布袋，對著月亮翻著手裡的書。韋固過去看了看，心想，怎麼這本書上的字，我都沒見過呢？於是忍不住開口問這名老翁：「請問您在看什麼書呢？本人自小熟讀各種經書，怎麼就您手中的這本書，我連一個字都看不懂。」

老翁聽完便笑著回應：「哎呀，此書非人間凡書，你如何識得？」簡單來講，就是這本書根本不是你們人間看的書啊，你當然看不懂啦！韋固一聽，更加好奇這本書上寫些什麼內容，老翁接著回答：「這本是記載所有天下男女婚配的內容。」

韋固半信半疑地想說，真有這麼厲害嗎，又問老翁：「那您身後的布袋裡裝著什麼東西呢？」

老翁回：「這只布袋裡，裝著一條條的紅線。紅線是用來繫著夫妻兩人的腳。世間上的一男一女，在降生的時候就已經栓好啦！日後即便是仇敵之家，貧富懸殊，醜美不等，相隔萬里，都必成夫妻。」

這便是我們現今常聽到的「千里姻緣一線牽」，這句話正

是指紅線這件事的由來，想不到紅線最早的典故，是繫在腳上的吧，而且在一出生，就已經將兩人栓定好了。

韋固聽到這裡覺得不可思議，便很興奮追問老翁：「想問在下的妻子會是哪一位千金啊？」

老翁呵呵地笑了一下，便翻翻書，對韋固說：「你在等的太守女兒，跟你無緣啦！你的老婆，是在宋城南店，北面賣菜陳婆的女兒，今年才三歲，她會在 16 歲的時候，與你結為連理。」

韋固暗自心想，我堂堂一介讀書人，分明是娶太守的女兒比較門當戶對，年紀也比較吻合。這老翁講的賣菜的女兒，要等她到 16 歲的時候，那時我年紀都多大了，差這麼多年，怎麼可能有這種事呢？便問老翁，能否帶他先去看看未來新娘的樣子呢。

老翁看兩人難得有緣分，便答應了韋固，畢竟小伙子想看一下未來老婆長什麼樣子，很合理啦，就帶他走到了位在北面的菜市場。看到一位瞎了一隻眼睛的婦人，懷裡抱著一個小女孩蹣跚走來。當這位婦人緩緩走過兩人面前時，老翁就指了指說：「喏，小伙子你有看到嗎。剛才那位瞎了一隻眼的婦人，她抱著的那個小女孩，就是你未來的娘子了。」

氣急敗壞的韋固無法接受，心想：「我好歹也是個知書達禮之人，豈能娶這個鄉野村夫的女兒呢？」越想越氣的韋固就追問老翁，是不是可以將這個小女孩殺掉呢？

老翁聽完哈哈大笑回：「我已將紅線繫在你倆的腳上了，你豈能逆轉。」語畢就消失不見了。

雖然老翁就此消失，但也難消韋固心中的怒氣，他才不信他的命運會被這老翁三言兩語就給決定，一定可以改變自己的命運。於是，韋固安排了他的僕人，吩咐他在今天某個時間點，看到那個小女孩，就把她殺了。僕人看準時機後出發行刺，不過這名僕人從未殺過人，生性又膽小，見到眼前這麼小的女孩，哪下得了手呢。最後刀要戳下時，沒有戳準只劃破了這小女孩的眉心。眼見眉心給劃破了，這僕人就拔腿逃之夭夭。

年復一年過去了，韋固認為已經將老翁口中的小女孩給解決了，也改變了自己的命運，勢必能遇到不同的對象吧！只見他不斷地請人去提親說媒，運用各種方式想要認識對象，卻從未成功。

轉眼間，十多年過去了，韋固事業發展不錯，唯獨還是沒有成家。因為這十幾年下來，不管怎麼做，都沒有人能跟他結婚。後來，他在湘州刺史王泰底下當了參軍，王泰見韋固才學過人，越看越滿意，便決定將自己的女兒許配給韋固。這時候韋固開心啦，心想：「看吧！我改變命運了吧！」

開心地迎娶長官的女兒，擇黃道吉日拜堂成親。拜堂成親之後，韋固見他的新娘美若天仙，相當滿意，夫妻間也是相敬如賓，但就有一點特別，新娘的眉間，總會貼著一片彩色紙

花，睡覺的時候也不取下來，甚至洗澡完還要重新貼上。

聰明的你，看到這應該知道什麼原因，不過韋固並不知道，因為隔了十幾年，有天，韋固忍不住就問她：「為什麼妳總是要貼個彩色紙片在眉心呢？」

韋固的娘子一聽，嘆口氣說：「哎，我小時候曾遭歹徒刺傷，所以只好貼紙花以掩飾傷疤。」韋固暗暗吃驚大退三步，問起他的娘子身世究竟是如何？

他娘子娓娓道來說：「我在襁褓之中的時候，父母雙亡，只好靠著賣菜維生的奶媽陳氏，一起艱難地過活。後來，我的奶媽打聽到我的叔叔王泰當了刺史，於是就送給王泰收養。王泰一路將我當作親生女兒般對待，撫養到 16 歲的時候，把我嫁給了您。」

韋固聽完妻子訴說，大為詫異啊！他想起了當年在龍興寺前，遇到那位對月翻書的老翁，當時的事情歷歷在目，才驚覺這位月下的老人，正是主管人間婚姻的媒神啊！

之後韋固逢人便津津樂道這段奇遇，後來遠近皆知。有一個學人叫李復言，將這段傳聞取名為〈定婚店〉，收錄在《續幽怪錄》一書中。隨著世代相傳，月老是婚姻介紹人一事變成男女老幼皆知，也成為月老的由來啦！

有另外一種說法是，王母娘娘被后羿跟嫦娥的愛情給打動了，深覺天下有情人應該終成眷屬，白頭到老。不希望類似后羿跟嫦娥悲劇般的愛情故事再度發生，所以就從天上派了一名

老仙，在月亮神石崖下的洞裡，為世間有情男女牽線搭橋，後世稱這位老仙為月下老人。

其實在唐朝的時候，除了月下老人之外，陰曹地府同樣被認為是掌管姻緣的喔。

典故出自唐朝的《廣異記》。在這本小說中，記載著有位叫張仁亶的人，他自幼貧窮，但靠著好友閻庚的接濟，也算是勉強能過活。無奈他始終不知道怎麼報答朋友的這份恩情。

有次兩人在旅途中，張仁亶遇到一個客人，發現他長得非常的特別，言行舉止不凡，就熱情地招待他進房裡喝酒，喝完之後想說天色已晚，不如就在此留宿一晚，便問起客人的行李呢，要不要拿進來。

此時這位仁兄就跟他說：「其實我不是人。」

接著說道，他來自陰曹地府，而他被派來掌管河北的婚姻。他說：「我的工作就是把兩個合適的男女，腳上牽上紅繩，這樣他們就會命中註定在一起，並且結婚。」張仁亶看了看他的衣服打扮，又瞥見他袋子裡有很多紅線，半信半疑地相信他，於是就多問了自己及好友閻庚的未來。這位使者說，張仁亶能大富大貴做到宰相，但閻庚卻沒什麼官祿，若想改變好友的命運，就到山下村子裡尋找一位命相富貴未結婚的女子，想辦法替他結成婚就行了，不過必須現在就起身快走，否則最後還會遇上大雨。張仁亶帶著好友一路疾走，也真的遇上大雨並找到那位女人，最後成功改變了他好友的命運，也為他牽起

姻緣。

月老廟：掌管姻緣的「體系」

大家聽過有名、香火鼎旺的月老廟裡，一定不會錯過大稻埕的霞海城隍廟，對吧！這間廟可以說是集兩者之長。城隍爺本來就是管地府跟陽間之事，非常符合剛講地府的姻緣，再加上霞海城隍廟有一個黑面月老，那就更厲害啦！這是姻緣加姻緣，肯定絕招中的絕招。一個牽不行，還有另外一個，兩個一起幫你把姻緣牽起來。所以這間霞海城隍廟這麼靈，肯定有原因哦。

不過在道教中，管姻緣的不只一個神，正確來說其實是一整個體系。

◆ 讓「神明團隊」為你牽姻緣

這裡就要講到有關月老的一本經書。哇！月老還有經書啊？沒錯，在道教裡面有講到《太上老君說月老合婚真經》。所以你就能知道，有經可以唸，有得唸就有機會讓月老給你更多的能量。

這本經書說，人們難以成婚，原因是有以下這些煞：孤鸞入命，寡宿同程，咸池沐浴，紅豔桃花，還有絞婚煞、破婚煞、重婚煞，最後還有離婚煞。哎唷，這個最可怕要離婚啊。

這些講的是，你會結不了婚，可能原因就是你爛桃花，或是你有各種奇怪的婚煞影響。所以這一些婚煞，自然會造成你沒辦法成婚哦。

還有一種是屬於「多婚」的問題。例如這邊講到重夫煞、重妻煞、桃花煞，講的都是「太多」而產生的問題。你看，什麼都沒有是問題，有得太多也是問題，所以在經書裡就告訴你這些煞要如何來一一破掉。

首先，破掉這些煞就需要有神明來幫忙，哪一些神明可以來幫忙我們做這些事情呢？經書上寫：至心朝禮，禳婚解煞大聖。合婚月老仙師、合婚配偶仙官、合婚合和仙師、合婚天禧星君、合婚引線童子、合婚牽線郎君。

你看，列出這麼多神明，全部都負責管你的感情。跟我們原先想像的：有一個月老走過去，把線牽起來綁起來，完全不一樣。假設今天要牽起你們兩人的紅線，有引線童子還有牽線郎君，首先先確認，牽線對象的確是他們兩個，有了名字，知道是誰跟誰，負責派線的就會將線派出去了。線發出去後，有一個人就是拉線的，拉線來綁好，綁線的就負責將線綁好，最後還有一個做確認。所以你看，流程是非常細節且完整。

為什麼會說你不是只要拜月老而已，因為中間這些過程都要靠神明幫忙，如果中間有環節出錯該怎麼辦？例如，拿錯線，紅線拿成綠線；綁線沒綁緊怎麼辦？或是沒綁對，認錯名字怎麼辦？認錯名字很尷尬啊。因此，在整個道教體系裡，求

姻緣不是只要拜月老，你在唸這段真經的時候，都要靠著這些神幫忙，才能去掉那些煞。

◆ **月老咒語**

另外還有一個很特別的，月老還有咒語喔！月老的咒語是什麼？

乾男坤女，前世姻緣。月老仙師，配遇週全。婦敬夫愛，相互包含。忠貞不二，恩愛綿綿。尊老懷幼，子孝妻賢。幸福美滿，合好百年。

合婚聯姻天尊不可思議功德。

從咒語中可以知道，月老不是只管你娶到這個人就好喔。他還會管能不能跟兒子女兒好，跟岳母岳父好，舉凡你所有婚姻相關大小事，都可以透過咒語讓月老來解決。所以今天起，如果你的月老拜完了，還想要更加強，趕快回家唸這個咒語，還有唸《月老真經》吧（《月老真經》請見附錄四）。還有也別再講什麼月老了，要講「合婚聯姻天尊」，有沒有感覺非常的威猛。說不定越唸就越能幫你聯姻起來哦。

古代媒神：唐朝以前的月老傳說

在唐朝以前，其實稱呼管婚姻的神就都是叫媒神。最早的媒神正是鼎鼎有名的，女媧；也就是創世神。她包含創造了自

然界，創造人類，所以女媧也是造人之神。

而根據傳說，在某一天，女媧經過黃河河畔，想起了開天闢地以來，自己創造了山川湖海，飛禽走獸，改變了原本一片寂靜的世界，但是女媧就覺得這世界似乎少了點什麼。正當她一時之間想不出來，到底少了什麼的時候，她在黃河邊低頭沉思，看到了自己的倒影。

忽然間，恍然大悟想起：「哎呀！原來世界上少了像自己這樣的人。」所以女媧就用自己的外貌與黃河的泥土，捏出泥人，加上神力將泥人變成了人類。哎唷，這個跟基督教有點像哦。對著泥土吹了氣之後就變出了人，所以人類可能真的有機會從泥土來的。

女媧把人分成男女，就可以讓人類自行繁殖。所以，如果你發現拜月老，怎麼總是沒有效，不妨嘗試看看去拜女媧，畢竟女媧都能造人，讓你談戀愛應該是沒問題的啦。

那你說，現在可以多元成家，不是一男一女的話有用嗎？其實這些媒神跟愛神不一定是一男一女的哦。

和合術

我們接下來講和合二仙的故事。和合二仙是什麼呢？有個人叫做寒山子，生於唐朝貞觀年間，他是一個想法非常獨到的人，他看遍了世間的黑暗及醜惡，於是他放棄功名，來到了國

清寺隱居。有一天在國清寺旁，他發現了一個嬰兒，他將嬰兒撿回去，沒想到神奇的事發生了，這嬰兒成長飛快，在幾個小時就長成了大人。

既然嬰兒是他撿來的，他就將嬰兒取名為「拾得」。寒山子及拾得兩人就繼續留在國清寺生活，幫忙燒火煮飯。

有天，來了一對到國清寺進香的母女，母親沒多久就因病逝世了，她臨終前想把女兒託付給他們兩個人，沒想到這兩個人不約而同都喜歡上了這個女孩。然而某天，寒山子無意間聽到拾得跟女孩的對話，發現他們兩個比較相愛，就決定一個人黯然離開，到蘇州出家當和尚，也就是後來非常著名的姑蘇城外寒山寺。

拾得發現寒山不在，便跟女孩說：「我不能沒有寒山。」就此跟女孩告別，出發尋找寒山。經過一路千辛萬苦，最後來到了寒山寺。拾得見到一個衣衫不整瘋瘋癲癲的和尚，仔細一看，這容貌就是寒山，他悲喜交加，在附近的荷塘摘了一朵鮮紅的荷花，準備要送給寒山。

而寒山聽聞拾得來找他，心想這路途這麼遙遠，拾得一定餓壞了。於是捧著裝素食的竹盒子要給拾得。一人送荷，一人送盒，這就是和合仙的來歷啦。後來呢，兩位都成為得道高僧，而兩人親密無間，互相景仰的故事流傳下來，因此和合二仙，被民間視為相親相愛，情深意重，和諧圓滿的一個象徵，也可稱為媒神，或是愛神。

所以今天不論性別，只要你想祈求兩個人相親相愛，都可以找和合二仙來幫忙，是沒有問題的。但要注意的是，和合術是彼此之間都認同，相親相愛互相依戀，卻因故不能結合，才需要請和合二仙來幫忙。

　　如果你今天做和合術，出發點抱持比較邪惡的心態，甚至是想搶奪別人感情，破壞別人家庭的，這就不一樣了。因為這種狀態就不屬於兩人情投意合，有故不能在一起；而是你想去傷害別人，造成別人的痛苦。這時候你所做的和合術，後續反噬就會很嚴重了。

　　之前我聽過一個案例，一個女生太喜歡前男友，於是她去找法師做和合術，兩人好像重新認識一樣，突然間就復合又重新交往了。而且男生對這女生的愛相當狂熱。

　　沒想到有一天，女生變心了。她決定拋棄這男的，可是男生被和合術影響的關係，沒辦法放手，他成為恐怖情人，甚至開始做出傷害自己的行為，男生的父母就哭著去找這個女生，希望可以結束這一切，最後找來道士作法，才再次回到正常的狀態。而濫用和合術的這個女生，之後感情一路都不順利，喜歡的人都沒辦法和她在一起。這不只是因為她用了和合術做出傷害人的事情，而且她當初做的承諾也沒有做到的緣故。

　　所以千萬不要小看法術的威力。如果起心動念要使用法術，記得一定要出自正面的原因去做，這件事才會比較好。第二，千萬不要覺得自己永遠不會變；因為是人都會變的。

所以感情上，我還是建議大家順其自然。老話一句，是你的終究會是你的。我們講腳上繫了這條紅線，一定會有機會在一起，腳上沒有這條紅線、不是你的，最後也很難成啦。

　　最後告訴大家，如果你每次拜月老都覺得沒有用，可以從這篇內容中找到適合的方式，看怎麼樣來加強月老的能量。希望可以幫助你有情人終成眷屬，盡快找到你的正緣。

　　希望「合婚聯姻千尊」賜你能量，讓你的姻緣修成正果！

簡老師想跟你說

- ◆ 拜月老前先認識月老的故事。
- ◆ 大稻埕霞海城隍廟可以有城隍爺與月老一起幫你牽姻緣喔。
- ◆ 常唸《月老真經》讓你姻緣早日修成正果。

MODERN LUCKY

PART 03

財富密碼

TIP

即使沒有與生俱來的富貴相，

但透過後天修正，財運就會靠近你。

09 靠後天能當富貴之人嗎？
富貴面相的祕密

　　我常在自己的節目中提到「富貴之人」一詞，常常引起網友好奇與討論。相信大多數的人都想問，自己有沒有符合富貴的要素，富貴之人都長怎麼樣？

從面相看富貴

　　富歸富，貴歸貴，其實這兩件事要拆開來單獨了解。「富」比較好理解，就是他真的很有錢，或家裡很富有，可能富好幾代都不愁吃穿。「貴」有權貴、社會地位高的涵義在其中，舉例來說像是老師、教授，他們很有社會地位，但不一定是最有錢的人。或是做小生意的人，他可以賺超多錢，但卻不一定比老師得到更多人的敬重。

◆ 富：臉、背、手掌飽滿有肉

富在面相上的展現，最簡單判別方式就是「飽滿有肉」，很多人會問那越胖的人就越富嗎？當然不是的。所謂飽滿，指的是你摸臉的時候，骨頭外面這一層肉有沒有彈性，有彈性的就是富，如果你發現都是贅肉，那基本上就不是富只是肥肉。所以你可以先看他整張臉，若越飽滿越有肉，整體就是飽滿豐盈的話，就是富的一個表現。手的邏輯也是一樣，手也是越肥越富，有些手很肥，可是一摸發現他手很硬，那就不行，記得一定是要有彈性才符合飽滿豐盈。

同樣邏輯你也可以看背。這部分是看脖子跟肩膀的交接處，也就是現代人常常因為滑手機太多，會有大椎病的那個地方，一樣也是要厚，最好都摸不到頸椎。往下一點點，跟背銜接處的地方也摸不到頸椎，這樣子也符合是富的表徵，腿、腳背也都是一樣。基本邏輯都很簡單，就是飽滿豐盈，看不到筋，沒有凸起來的骨頭，基本上就是一個富相。

◆ 貴：文貴與武貴

「貴」最重要就是親和乾淨的感覺。面相乾淨、毛髮少、很秀氣，一般來說就是貴，也就稱作文貴，以清秀面相為主。也包含眉毛清秀型，雖然一根一根的比較少，但還是有，就符合貴相貴眉。山根很高，眼睛秀長，這些都是屬於貴相中文貴的一種狀態。

武貴則是感覺得到他臉部的骨頭比較大，顴骨很大，眉骨很大，眉毛濃，雖然勇猛有型看起來是乾淨的狀態，就屬於武貴。一般文貴跟武貴的臉都會很亮，文貴的人，臉的膚色比較白亮，而武貴的人則膚色偏黑，是黑亮。

　　總之富貴之人的面色符合紅潤又亮的條件，就是貴的一種狀態。當然富的人臉也是會亮的，只是飽滿豐盈是兩者特徵差異。這些是如何從面相、體相上知道富跟貴的差異。

從宮位看富貴

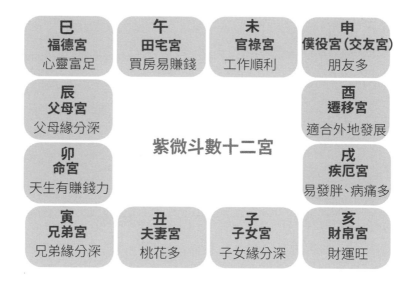

巳 **福德宮** 心靈富足	午 **田宅宮** 買房易賺錢	未 **官祿宮** 工作順利	申 **僕役宮（交友宮）** 朋友多
辰 **父母宮** 父母緣分深			酉 **遷移宮** 適合外地發展
卯 **命宮** 天生有賺錢力	**紫微斗數十二宮**		戌 **疾厄宮** 易發胖、病痛多
寅 **兄弟宮** 兄弟緣分深	丑 **夫妻宮** 桃花多	子 **子女宮** 子女緣分深	亥 **財帛宮** 財運旺

　　第二個判別技術就是從宮位看。沒有紫微斗數基礎沒有關係，這邊教大家怎麼快速看出來你的富，以及富在哪裡。我習

慣用的軟體是「文墨天機」這個排盤的 APP，用其他排盤工具也沒有問題。總之就依序打上你的生辰八字，打完之後就會拿到你的命盤，如果是用文墨天機排盤，可以看到在 12 個宮位裡會有個紅色的祿字，每個人落點位子不一樣，不過找到祿所在的宮位，就代表你在這件事情上會比較豐滿比較圓滿，也可以說是進財的方向。

舉例來說，你在父母宮化祿，理論上你跟爸媽的緣分就比較深。

在兄弟宮化祿，就代表你跟兄弟緣分比較深。

在夫妻宮化祿，代表你的桃花比較多也比較旺，同時跟另外一半緣分也比較深。

在子女宮化祿，代表你跟你小孩緣分比較深而且比較圓滿，這種是富足的一種表現。

在財帛宮化祿是最典型的，原因就與人際關係無關，在這是指你天生拿到錢的概率，就是比別人來得強，財運就是比一般人更強旺一點。

在福德宮化祿，代表你不一定是在財運上很強旺，可是你的心靈比較富足，比較容易開心想得開，另外一點你總是容易來財比別人輕鬆。有點像是莫名其妙就有錢從天上掉下來的狀態，也可以說是有一點祖上積德的意味。

在田宅宮化祿，代表的是你房子的多寡。田宅宮化祿的人通常買房容易賺錢，且房子容易多。傳統我們東方人的觀念都

覺得「有土斯有財」，所以有土就是比較有財。另外田宅宮化祿一般來說也容易有祖產，像我之前看過一個田宅宮化祿的人，因為他家都更，一間房一下就變五間，好多房子，這也是屬於比較有財的。

在遷移宮化祿，代表你出外就有錢，比較不適合在家鄉發展，而是在外地發展才會有錢。

在僕役宮化祿，一般來說在民主社會特別棒，因為代表你的手下很多。另外僕役也就是交友宮，代表你朋友很多，五湖四海皆朋友，而且這些朋友又可以幫助你賺到錢。

在官祿宮化祿，一般來說就是工作很順，容易有成就。像前面提到財帛宮化祿的人，比較有錢，那在官祿宮化祿的人，就屬於比較貴氣。工作比較強又可以賺到錢，有了成就就比較有人聽你的等等。

最後，在疾厄宮化祿，其實相對大家沒有那麼喜歡的，因為疾厄宮化祿有兩個問題：第一，身體很富足以及容易發胖。第二，疾厄代表病痛，所以病痛可能也會比較多。不過，疾厄宮化祿一般來說也會影響到父母宮的出外運勢，所以你的父母在外地，比較會有一些機會，或如果你爸媽有錢，你也不會差到哪裡，不過相對來說是有好處的。另外還有特別的一點，疾厄宮化祿，可以靠肉體賺錢。先別誤會我的意思，肉體賺錢有分很多種，只要跟身體有關的，model 走秀、健身、養生甚至是按摩等等都符合肉體賺錢的範圍。

從八字看富貴

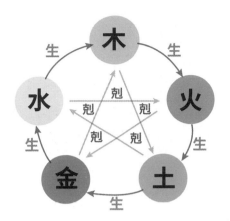

再來教大家怎麼透過排八字來看。首先依序輸入出生年月日時，會有四柱，分別代表年月日時。在日上面的天干就是你的五行，舉例來說，如果你的日天干是甲，那你的五行就是木頭，而木頭命在八字設定叫我剋者為財。

所以當木剋土，土是你的財，如果你命中其他五行都是土，那財就很多。不過不單靠這樣就會有錢，我們要知道它是有一點點「能量法則」的概念在其中。你知道一個樹（木）剋一個土是有機會的，可是一片大地（土），單單一個樹（木）哪剋得動。

這就回歸到八字首重平衡，我們得要理解它的邏輯，如果你的八字裡面，木四個，土四個，就是屬於容易剋得動的。或者說你有一個木頭，但有三個水，水可以讓你的木頭長大，你

木頭長大以後變強了，變成三倍強，一個木頭可以剋三塊土，這樣子也會有錢。所以簡單理解就是，你的木頭或是幫你變強的有幾個，同時間你有幾個是土，就會剋出多少錢來。

有一種例外：如果只有一格是木，其他都是土，那你會乾脆連木都當成土了，假裝自己不存在，所以你全局都是財，這樣子也會很有錢。不過比較常見的是我們有兩棵樹，剩下六個都是土，兩個木剋六個土照理說是剋不動，但如果剛好大運是兩棵樹來幫你，或者是大運是兩個水來幫你，你的木就轉強就剋得動了。反過來看，如果大運來，又是你剋不動的土，甚至是消耗你的，例如說是金，金剋木。所以你的木被金砍掉，從原本大根的樹變小根的灌木了，變小又更加剋不動土，也就更窮了。因此只要大運來的時候，若能幫你把木頭變多你就會變強，某種程度來說金也會卸掉一點土，土變小的時候也是有機會的，但往下舉例可能會有點複雜混亂，大家只要記得四個木頭對上四個土一定是最好的，不管是天干地支，這是最基本的原則。

如果你想要深究八字，還要注意季節的問題。例如說春天的木頭比較大，可以剋比較多的土，冬天的木頭則不太行，而秋天的木頭很慘，因為它直接被砍掉了。所以你出生的月份也會影響到你的木頭到底是棵大樹，還是一棵半殘的樹，這些都是從八字上看富貴的邏輯，有興趣的同學可以細細去研究。

從風水看富貴

在風水局裡，絕大部分的貴局都跟山有關，而富局則跟水有關。所以你可以簡單理解，如果你家看出去有綿延不絕的高山，步步高升，這在一般來說就叫貴局。

如果你家的前面有一個又大又圓的湖，並且有很多水進來，我們叫水聚天心，這個就叫富。所以如果你想為家裡找一個富的風水局，找門前有大湖的就對了。如果要找貴的，那就是你門前看出去有山，步步高升，這個是最容易看出來富貴局的做法。

你可能會想說，現在大多住在市區裡，哪有這種風水局可以住。其實還是有機會的，因為可能住在公園邊，這公園中間有大湖，或是前面是公園、後面是山，也是一樣有步步高升的機會，建議大家可以好好去觀察公園邊的房子，其實很多都是不錯的。看房子要注意的一點，因為古人沒有十幾樓的房子，所以建議仿照古代看五樓以下比較準，甚至是三樓以下會更準，這些都是簡單可以完成富貴局的做法。

另外還有一種更簡單的做法，我們什麼人，應什麼運，住什麼房子。也就是說這一帶的房子如果都住有錢人，這個地方一定是富的，有龍氣的地方，不然怎麼會住這麼多有錢人。

回到富貴的風水局，其實還是有一些矛盾問題。例如要前面有座超大的湖，這種屋子裡通常濕氣很重，要記得常常除

濕。要正前面有群山步步高升，通常代表你住在郊區，所以交通可能會不方便，這些富貴的局通常有一好沒兩好。

富與貴的實現

關於富，可以發現面相「飽滿豐盈」的人，其實做事有手腕，有耐心可等待，所以他們貴人多。來看紫微斗數時，如果富的人在財帛宮化祿，在錢財操作上就會花很多心思。他可能每天都會瘋狂的學習賺錢，認真投入研究在賺錢上，不會把時間花在玩樂，他可能會有一點點財迷的感覺，因為他隨時都在想著賺錢的事。

再來，你看福德宮有化祿的人，天上有帶財，代表祖上積德。可能他常常超渡祖先或是祖先有做好事才能達到這樣狀態。如果田宅宮有化祿的人，往往就是很會買房，他可能每天腦子都在想著要買房子，一有錢也就拿去買房子，所以這樣的人當然久了就會有錢。

富貴之人有錢的原因，大致上就這幾個方向，大家可以去參考和實踐看看。而八字上講的平衡及之前說的有錢是什麼狀態？簡單說，是一種「你有多少能力就賺多少錢」。有時候生活中有些錢太龐大，你看得到但吃不到，你就勉強自己去拿到；有時是你能力很強，卻去賺那很小的錢，或是該拿的錢不拿，這就是用牛刀殺雞，這樣也賺不到錢。所以你要去找到最

好的位置，符合你的能力、跟你做的事，又剛好能賺到錢，不要去做沒有錢的事。也不要去做感覺很能賺錢，但你其實不擅長的事。

舉個例子，有一個人他明明很會做金融，可是他堅持人生要有夢。他說他就是要寫小說。但寫小說現在不好賺，不賺錢是其次，首先要成功的概率就很低了。他有財經的才華，卻去做這件事，也就不容易賺到錢了。

另外一個人是很會寫小說，可是老師告訴他，寫小說賺不到錢。聽完之後他就決定要去炒股。他並不擅長做那件事，交易的每筆金額數字都很大，以他的能力做不到。最後賠了一屁股。

所以我們知道，用你的才華去賺到剛剛好的錢就好。做你適合的事，你就應該買保守的基金，而不是去作當沖。從八字的邏輯可以告訴我們「一種錢一種人賺」，不要說別人怎麼做，我就怎麼做，這真的不是這樣子的；這些是八字帶給我們的知識。風水上帶給我們知識，讓我們知道門前要有大又圓的湖，以及山，各是什麼意思。你看得遠，心就開闊，基本上很容易平步青雲。

善於運用各種資源、讓心開闊

水為什麼叫做富？水，可以栽種東西，就是資源。今天我

有資源，可以耕耘，我就可以整合大家，讓大家一起來參與，把錢集中在一起，有錢大家賺。

有水池，代表你資源很夠，一直讓各種東西在其中流轉。資源是要拿來種東西的，不是拿來爽的，所以人生也是一樣，今天你要有錢，一定要囊括各種資源，這樣大家都願意把錢投進來，當越來越多人投錢進來，你的水越來越大，你的資源也越來越多，賺錢越來越輕鬆。所以很多人說人脈就是錢脈，因為人脈就是資源嘛。舉例來說，你今天要合作一個案子，忽然間需要認識某一個大老闆，這種大老闆是有錢你也買不到跟他吃一頓飯。但是剛好你知道，你的叔叔跟他是國中同學，這就不得了。叔叔講一聲，帶上姪子來跟大老闆敘個舊，這樣吃個飯就合作起來了，這個就是資源的觀念。所以要富貴的狀態就是心要開闊，有錢願意跟別人分。

但除此之外，想要富貴，希望人生一直有錢下去，也要審慎自己的信用。如果今天做不到，就不要輕易說出讓人相信的話，如果你守信用，大家越來越相信你，總有一天你會出頭，你就能成為富貴之人。

簡老師想跟你說

◆ 富貴還可以細分富與貴，依照期待去做不同提升。

◆ 富貴長相的大前提就是要飽滿豐盈！

◆ 以紫微斗數來看，富貴就找出12格裡哪一顆有化祿。

◆ 信任跟富貴也同等重要，守信用的人讓人信任，總有
一天會成為富貴之人。

10 一眼就能看出你有發財命！？從面相解開有錢的祕密

財運的好壞，是我統計出僅次於感情，第二常見的算命問題。的確，你事業的走向會影響財運；財運的有無也會間接影響你對運氣好壞的感受。然而有趣的是，通常來問財運的人都很直接，最常遇到的發問起手式，就是「老師，我什麼時候會變有錢？」再更直接點的，想知道自己有沒有中樂透的命，或是有沒有機會嫁入豪門，找到有錢的另一半。想知道變有錢有什麼撇步嗎？怎麼做才有機會離財富近一點？

有錢的祕密

我在創業初期的時候，有一位來我們公司做短期實習的小朋友。那時候我看著他的臉便對他說：「我覺得你現在好像有點讀錯科系。」他就回：「我也覺得自己不太適合讀像企業管

理這種從商的科系。」

　　我形容一下這位小朋友。他不太喜歡與人打交道，平時看起來提不起勁。說話時總是有氣無力，對人愛理不理，整體上的確感覺不出他適合從商。而他的面相上，整張臉看起來都是骨頭，眉骨高、眉毛濃，鼻子高但也沒什麼肉，頭髮非常硬。臉屬於窄又尖的人，面相上就成了孤相。孤相的人一般就不喜歡與大家打交道，再來他的眉毛很濃，眉骨很高，眼睛卻比較小，屬於偏悶騷類型的人，有些話也不喜歡說出來。最後一個關鍵是，他嘴很小。通常嘴越大的人，說出來的話較容易展現野心，也具有感染力；而相反的，嘴越小的人，說話會比較保守，也不是那麼喜歡講話。綜合上述這些面相特徵，就知道這位小朋友並不是那麼喜歡講話，也就是為什麼我會說他真的不適合做這種經商與人打交道的工作。像另一個實習生，圓臉型就更適合，容易跟大家打成一片，工作狀態也非常好。

　　聽到我說他「讀錯科系」後，他便問我該怎麼做？我給他建議是，必須去學個一技之長。這時候的他已經是大三升大四，給他學一技之長的建議，他忽然間也不知道該不該轉系，會不會花很多時間。而短暫的實習馬上就到尾聲了。

　　過了幾年，有天我又再遇到他，一見到他的臉，就說：「嗨！好久不見，你看起來氣色不錯耶，最近在做什麼啊？」

　　他說：「我聽了簡老師的一番建議後，就決定要去學個一技之長。」他看到新聞報導，工程師缺工嚴重，加上他對科技

新貴的想像，就是很值錢的行業，於是他借錢報名了工程師的課程。

想不到課程結束後，他真的就去學寫後端工程，也變成一位非常好的後端工程師。不論是寫資料庫還是系統，他的能力都變得非常強。同時間，因為他又是比較能忍，也不太需要跟大家打交道的人，所以他就可以埋頭工作，不斷地獨立把東西寫得更好。

這個決定完全符合我當時給他的方向建議。第一，他的面相不喜愛與人打交道，不適合跟大家一起工作。第二，適合需要專業技術的工作。他尤其適合需要長時間坐在同一位置，專注在工作上，獨來獨往類型。一旦遇到這種形態的工作，他就能做得非常好。剛好他的眉毛濃，非常適合從事像工程師這類比較硬的行業。

因為找到能發揮他長才的舞臺，他先進了科技業，逐步存錢，學習語言，讓自己語言能力變得非常好。因為他非常具有耐性和毅力，之後又再進了一間外商科技公司。沒想到外商公司不僅是薪水給得大方，配股也很大方。於是他在這間公司一做就是好長的一段時間，也獲得非常好的報酬，工作穩定順利了，也順利娶得了一位美嬌娘，最後也成了人人稱羨幸福的科技新貴家庭。

投資自己，一遇風雲便化龍

我以前看過一本書《窮爸爸與富爸爸》。書中有一個環節，講到關於如何善用「債」這件事。

這本書顛覆我一個觀念，就是債有分成「好債」跟「壞債」。好債，顧名思義能為你帶來更多的好處和更多的力量，屬於正面的影響。像故事中那位實習生一樣，為了培養一技之長，跑去借錢增加自己的專業技能。而如果你今天只是純粹消費，這就是一個壞債。學習去分配債的狀態，其實就是有錢人的祕密。

我們常常講「一命二運三風水，四積陰德五讀書」，五「讀書」這件事情指的就是投資自己，不管你是買書回來學習，或是上課都可以。

從道德邏輯來講，人都是有高有低，天地循環，你今天有高，就會有低，有低就會回到高。所以你在低點的時候，縱使你很用力，可能仍比不上你在高的時候，出的那一點點力。所以當你在低的時候，其實更是一個投資自己的絕佳時間點。我們通過投資自己的過程中，可以學習各種知識跟技能。一旦時機一到，一遇風雲便化龍，從鯉魚一般的狀態，躍龍門，就變成龍了，這正是所謂投資自己的重要性。

所以精準理財的目的，不僅是讓自己有更多的資產，還可以讓自己能夠投資自己，進而成長、改變命運，這些都是重要

的關鍵。

投資自己不只侷限於課業上的知識，還包含專業的技術。不論今天你喜歡什麼，或是你想做什麼、你讀什麼科系，都沒有關係。重要的是，你學會一技之長，就有生財的方法，這才是最棒的地方。巴菲特也有說過：「最好的投資就是投資自己。」投資自己是非常簡單的，難則難在你願不願意去做而已！

善於理財的面相

什麼樣面相的人，天生就有理財天分？第一個，毛髮非常少的人。一般來說，毛髮越多的人越愛管人閒事，對別人的事情比較熱心，但情緒則比較波動。所以當周遭的事情一多，或是情緒一來，他就容易亂花錢。毛髮少的人則不容易這麼衝動，他會覺得「這事情不關我的事啊。」不會成天都一頭熱地想去解決別人的問題，卻忘了要解決自己無法精準地管理錢財的問題。

第二個是眼睛小。如同我們本篇故事的主角，眼睛小的人比較能忍耐，換句話說，當他今天知道他有負債，或明知現金不夠用的狀況下，他不會被一時的快樂給沖昏頭，就隨意浪費。對他來說，所謂的債是用來讓自己有更多現金可作運用，甚至債對他們來說，是能夠週期性更加精準運轉的一種方案。

絕對不會當成是預支享樂的資源喔。

第三個是鼻孔不露，像我就是看得到鼻孔。正面能看得到鼻孔的人，比較隨興，朋友問他問題時，他大多會回答：「隨便啦！我都可以。」但正面不露鼻孔的人，你問他說，這東西多買兩個好不好？他一定會說不行，要算一下。所以鼻孔不露的人也可以說他們比較謹慎、不隨興，通常是意味著，他錢財管理得非常好。

從這樣的面相，我們可以從中學習什麼呢？第一個，就是不要多管別人閒事。這非常重要，如果你自己都已經泥菩薩過江，自身難保，你怎麼有餘裕去幫助別人呢？尤其你還要透過借貸，才能幫助別人的話，這真的是加倍的危險啊！

第二個是忍耐。我們說眼睛小的人很會忍，忍耐真的是人間最高的技術和境界。怎麼樣能增強自己的忍耐力，關鍵在於，你不能被杏仁核劫持。具體來說，可以透過靜坐冥想禪修，這些方式讓你的心靜下來，心一旦靜下來了，你的耐性就會變高。另外一種是，吐納。試著將呼吸變得綿長，呼吸越綿長，就不容易躁動做決定，也就會變得比較冷靜。

第三個，不要說隨便。很多來算財運，希望能留財的客人，希望我給他們指點一下方向，我都會建議他們：「人生不要再輕易說隨便」。當朋友揪你買東西，你回一句「好啊，隨便。」是不是又得多花多少錢。當你不再把「隨便」放嘴邊，你會發現你真的可以省下很多錢。以上三個建議，都是我們從

善於理財的面相裡，延伸學習如何透過後天習慣去修正改善，
讓自己也能慢慢養出有錢面相。

簡老師想跟你說

◆ 有錢人都懂得分配「債」的狀態。

◆ 擅理財的面相與生俱來，但你可以透過後天修正改
善。

◆ 一命二運三風水，四積陰德五讀書，多讀書就是投資
自己的一種。

11 馬上檢查身上的現金！簡單動作竟是通往財富自由的關鍵

　　前面講了富貴的祕密以及富貴的面相，原因不外乎每個人都是希望自己的財運能更上層樓。愛財之心，人人皆有，畢竟沒有人會嫌錢賺太多。的確有不少人常會問我，到底要怎麼做才能讓財運變好呢？當然最直接的方式，就是開源節流，但實務上要做到還是需要一番練習。從面相上來看，所謂的「財帛宮」，就是看鼻頭。

　　應該有聽過，一個人如果鼻頭越大就越有財。鼻頭很大，基本上來說確實會比較有錢，但要注意的是，鼻頭不是大就好，還得要硬。如果鼻頭人卻是軟的，很容易一跌不起。還有一點是，其實要到 40 歲後才會開始走鼻子的運，因此就算你鼻頭很大，想要有錢也要等到 40 歲以後才會比較明顯。所以你如果鼻子很大，年紀卻還很輕，窮是正常的，經過一番奮鬥之後你一定會有所收穫。另外，鼻頭的好壞，其實跟人的腎臟

還有脾、胃也有密切關係。

改善財運，從顧好腎臟、脾胃做起

腎臟，在中醫裡面有個名詞叫「腎主恐」，也就是腎掌管你情緒中的恐懼，長期容易緊張、受恐懼影響的話，也會導致腎的脈氣不足。相對來說，一個人的腎臟如果狀況好，安全感好，就會勇於冒險。

腎跟財運有什麼關係呢，正所謂小富由儉，大富由天。發大財在人的一生中是一個小概率的事件，你得要有冒險的精神，才能夠抓住機會，一飛沖天。不過大多數人其實都是大起大落，難以留住錢財。不管抓住再多次機會，最後都是一場空。這點則是跟你的財庫有關囉。

財庫跟脾胃有非常強的關聯。一個脾胃很好的人，他就能夠存住錢，不讓錢財流掉。

所以你現在知道，想要改善自己的財運，要從腎臟跟脾胃做起。改善腎臟，讓成功的概率有機會提高。財富跟腎的關聯在《思考致富》也有提到，那就是關於性的力量。成功學教父拿破崙・希爾發現，成功跟一個人對於性的態度有很大的關聯，他看到很多很年輕就成功的人，因為沉溺或花費過多的時間在對性的追求，導致他的事業無以為繼。而真正能獲得巨大成功的人會將自己的性能量轉換到事業上，讓自己獲得更大的

成功；這點再次呼應我們要改善腎臟的觀點。

如果一個人成天夜夜笙歌，那他的腎臟就容易日漸衰落，自然就容易失去安全感。而他的事業呢，也就難以平穩地前進。

改善脾胃，最簡單就是細嚼慢嚥，準時吃飯。大家可以仔細觀察這些商場上的大老闆們，他們在吃飯的時候，通常都是不疾不徐地，絕對不會狼吞虎嚥把東西吃下去。以中醫的角度來看，吃一口飯要嚼 30 下。充分咀嚼之後，才能讓你的脾胃吸收更好。

不只是鼻頭跟腎還有脾胃有關，代表田宅宮的上眼瞼，也是跟脾胃很有關聯喔。當你的脾胃越好，一般來說上眼瞼就會越厚。相反地，脾胃越差，你的上眼瞼也就越薄。如果一個人的上眼瞼非常非常地厚，這樣的人很容易在很年輕的時候就能夠置有田產。所以記得一定要養好自己的脾胃，準時吃飯，健康吃飯，讓自己早日成為有產階級。

用長夾會變有錢的原理

不過要讓財運變好，想要學習理財，就得先關注你的財。

坊間常常聽人家說，換長夾的人會比較容易有錢，其實這背後是有道理的。長夾最棒的地方是，有幾張 1,000 元，幾張 100 元，一目瞭然。確切知道自己身上到底有多少錢，就

是個很不容易的習慣哦。相信大部分的人都是買東西時把錢掏出去，把找的零錢就塞進錢包裡，當你問他身上有多少錢時，欸，他還真的不知道呢。

當你今天改換成長夾，你會發現你對錢理解了，對錢的關注度變高了，你就會知道要怎麼做。

當你越清晰地理解，越能管理自己的錢包，就是管理錢財的第一步。另外也有人建議說，錢包不只要換長夾，最好要換一個貴一點的長夾，這樣更顯得貴氣。這道理乍聽有點牽強，但從心理學角度來講，就很符合大家常講的「你要成為誰，得先假裝自己是誰。」因此你買一個高貴的長夾，假裝久了，你就有機會真的變成有錢人。

但是我還是建議大家考量自己的經濟水平。千萬不要打腫臉充胖子，吃飯都來不及，房租繳不出來，你還先買一個超貴的錢包，搞得自己周轉不靈、得不償失。

隧道效應

既然說到周轉不靈，我們就順道來提一下「隧道效應」是什麼。人一旦有壓力或是急迫等匱乏的情況下，你就會發現你只看得到眼前很立即的事物，無法做長遠的思考。這行為就像是你進到一條隧道裡面，看到前面卻看不到左右邊的東西。就像開快車，開得越快，越是只能專注眼前的事情，沒有辦法看

到周邊的風景。反而當你慢慢開的時候，就覺得「哇！周邊的風景很好。」

這就是隧道效應，也是造成窮人難以脫身的原因。不斷想著我要賺錢，卻導致自己過度勞累，拿到了錢，就把錢拿去享受可以立即獲得快樂的事情，或是各種娛樂。所以永遠存不了錢，只能在賺錢跟花錢的循環裡，一旦你都沒有存錢的情況下，突然發生了意外，徹底爆炸之後，就只能去借錢。借錢之後，為了還錢得更努力賺錢，但疲勞也隨之加倍，你就花更多錢去娛樂，最後你不只沒辦法還錢，你還借了更多更多的錢，累積更龐大的負債。

隧道效應最可怕的地方，就在於它不是一個短暫的、而是長期性地占據著你心力的使用空間。我們做任何事情都需要心力，健身需要心力，減肥需要心力，起床上班需要心力，回家早睡早起需要心力。假設你今天因為沒有存錢，下個月房租繳不出來，一旦你認知到這件事情的時候，對於房租的焦慮就會一直存在你的背景運算。這份焦慮占據你 30％ 的心力，也就代表著不管你做任何事，也只剩下 70％ 的心力。你的產出會開始下滑，下滑之後你得到的報酬可能就會因此而減少，你的金錢總數下降，生活品質也隨之下降，面對下個月要繳房租的壓力又更大，最後就會被這樣的惡性循環給擊潰，難以翻身。

所謂存錢的能力，又回到了我們前面剛剛講的，你面對隧道效應的時候，你有沒有餘裕可以看旁邊風景。這件事跟安全

感有關，如果你安全感越強，面對風險的時候，越不容易被心魔擊潰。其實現實並不可怕，是心魔把我們打倒了，可怕的其實是我們腦海的想像。所以在恐懼的時候，會放大我們的困境，認為自己不可能解決眼前的問題，只能夠屈服於現況。倘若我們有勇氣站出來，跨出第一步，事情的結果可能會完全不同。所以，再次提醒，養腎跟養脾胃都是非常重要的。

餘裕

想要對抗隧道效應最好的方法，就是一定要想盡辦法讓自己在「餘裕的情況」下前進。

很多人都會說：「老師，我已經很忙了！忙成這樣我是要怎麼有餘裕呢？」

其實餘裕，就像是你放緩你的車速。

當你今天遇到困境，被錢追著跑的時候，你的車速會變得很快，導致你看得很窄，很難反應周遭飛過來的石頭或是路障。可是你慢下來的時候，你就有餘裕將目光移到旁邊。

換句話說，餘裕就是，即便你每個月都被錢追著跑，那你也有心力面對。回到生活中，我們首要就是降低慾望清單。很多時候是你支出太多，究竟你生活中有哪些東西是必需的，哪些東西是沒有意義的花費，或是哪些事情你必須斷捨離。

比如說你交了一個男朋友，男朋友花你的錢，或者今天你

認識一個一直跟你借錢的朋友，諸如此類，請找出來到底是什麼讓你不斷在高速情況下危險地前進。

另外一點，是找出隱性的負債。這時候就要引用《窮爸爸和富爸爸》的邏輯，每個月把錢放到你口袋，叫做資產；每個月會把錢從你口袋拿出來交出去的，叫負債。

假如你有一臺娃娃機，每天都有人夾，扣除成本能夠賺到錢，這筆錢就叫做資產。如果你有一輛跑車，每個月都要花很多洗車費、保養費，或是說你有可能出車禍，還要修它。假設是這樣，每個月把你的錢從口袋掏出去的就是負債。

那如果一個人的資產越多，被動收入就越多，當你的被動收入越多，你離財富自由就越接近。例如，我一個月花費只要三萬，今天我三臺夾娃娃機每月都能夠賺三萬，那我就達到財富自由，不用上班啦。每天我想幹嘛就幹嘛，因為我也不會餓死。反過來看，費用支出越多，你離破產就越近。假設你有十萬元，每個月都虧一萬，最後你十個月就把錢都虧完了嘛，那最後你就會破產。而你可能為了不破產，必須努力工作，就越容易進入到隧道效應裡面。你可能總是在為了沒有繳的帳單、沒有付的錢應接不暇。

如果你能夠減少被動支出，你就越有餘裕。你每個月固定有收入，那你的餘裕就會變多，就能夠慢慢開車，慢慢欣賞風景。而你的工作表現出現 100％的成長，你就越容易得到更多的收入，你的事業就會越來越成功。隨著你的成功，你的餘裕

越寬，越寬就越愉悅。這就是馬太效應，多的更多、少的更少，正是來自於這個狀態。如果你越有餘裕，你就越能創造被動收入，這樣就能達到一個正循環，你才可能通往財富自由。

增加偏財運的方法

很多人常常會問老師，今天突然想要抽獎，買彩券，想要增加偏財運，應該怎麼做呢？

◈ 水晶

其實偏財運就兩個邏輯，第一個就是招財水晶，能量是真的有用，不過能量肯定還是跟你所找到的水晶本身狀態有關。另外就是與你體內的狀態合不合有關。

專業的水晶老師可以告訴你，這個水晶補你的能量，能讓你增加一些偏財運。另外像貔貅或神獸類，或者是去紫南宮請的金雞，拜這些發財相關的神獸，的確也能夠庇佑你，為你帶來一些好處。只是我們講的偏財運，能帶給你的只有短暫錢財增長。就像前面提到的，如果今天你沒有做到量入為出，你就算偏財運很好，你還是會破產。

◈ 將陽臺整理乾淨、好好照顧盆栽

想要家裡的財運要好，大家都知道首先前陽臺要乾淨，而

偏財運要好就是後陽臺要乾淨，快把後陽臺整理乾淨，家中生病等一些問題會消失，或是不為人知的財運也會增加。當然如果你想要種植物，我會建議擺放圓葉的發財樹，一樣的效果。不過記得，圓葉發財樹不能枯死。所以你要找能讓它好好長的地方。但老實說不能多，也不用多。植物最好一人照顧一盆，那一盆就是對應你，它好你好，它掛你掛。所以想辦法對待植物好一點。

例如，家裡面三個人就照顧三盆植物。慢慢地你真會發現，這三盆植物狀態，真的跟這個人的狀況息息相關。某一盆如果開始枯黃了，那個人最近就不在運上。某一盆長得很好，那個人最近運氣就會很好。

◆ 擺魚缸

擺魚缸招財，其實是運用水帶財的邏輯。但是老實說，水本身的方位有很多很多的學問。還是不建議大家忽然擺一個超大的魚缸，因為擺錯方位麻煩也很多。但如果真的喜歡養魚，就要記得一件事，不要有噠噠噠馬達的聲音，一定要安靜無聲，並且魚一定要活得很好，才會把錢留下來，才會真的有招財效果。

若以長期的效果來說，上述這些都是比較有限的，還是回到行善積德早睡早起比較有用！

最後分享我的理財觀念。小米科技的創辦人雷軍，講過一

句話很有名：「任何一個 CEO，如果你的公司沒有 18 個月的現金，你就該真心睡不著覺。」我後來覺得這道理非常重要。一個月開銷，假設是五萬，我也就一直期許自己至少要有超過 18 個月的現金，才會進行投資。18 個月大概是一年半的時間，也就是即使要換工作，還有很寬裕的時間可以休息。非常推薦大家，去確認帳戶裡有沒有 18 個月的現金，如果沒有，你可以開始制定計畫，存錢存到 18 個月。因為存到 18 個月之後，才有資格來說理財投資，也不容易進到隧道效應裡。

簡老師想跟你說

◆ 想不到財庫跟脾胃有關吧！要改善財運一定要養好脾胃。

◆ 試著培養有餘裕的狀態才能對抗隧道效應。

◆ 老話一句，想要財運、偏財運好，你家的前後陽臺都要好好整理乾淨。

PART 04

不可思議
卻真實存在
的事件

TIP

來自不同維度世界的溝通，
都是祂們想傳遞給人們的溫暖訊息。

12 真的會被下符嗎？
怎麼發現自己被下符？

　　人生難免多少有倒霉的時刻，即便你很努力，還是深感時運不濟、造化弄人。運氣雖然一時，但當你察覺你的倒霉已經有點偏向離奇、怪異才能形容，甚至連面容氣色都不如以往，其實是很有可能遭人下符了。以現代角度來看，「下符咒」好像是小說戲劇裡才會聽到，但千萬別小看下符這件事。我在北京時，曾遇過真實遭到下符咒的案例，現在想起來還是感到相當玄妙。

　　猶記得當時我正在搭乘北京地鐵，從 A 站要搭到 F 站，中間差不多五站的間隔。就在我進車廂過了兩站沒多久，突然有人傳訊息過來問：「你是簡老師嗎？我有個朋友想要問事，他好像被人下符咒了。」我還沒意識過來，思考這真的還假的，對方又傳了一張朋友的照片給我。我一看照片，就感受到這個人面上屬氣非常非常重。整個人神情都是非常兇惡，面容也非常消瘦。

於是我就去問當事人發生什麼事了，她就回：「我先生好像是被下符咒了。」我接著問：「那，那個符咒是有關什麼？」她開始說，有個 C 女非常喜歡她的先生。一開始她單純以為 C 女只是朋友而已，沒想到後來越來越奇怪，他們兩個好像真的有點什麼，於是她就開始歇斯底里，她老公就決定要跟 C 女分手。沒想到 C 女非常氣憤發了一篇文在朋友圈，大意是指男的怎麼可以欺騙她，一定要對他下毒下咒，要讓大家都知道男的有問題。

那天之後，她就發現她先生沒有一天晚上睡得好。只要躺在床上，就開始東翻西滾，久久不能入睡，而 C 女持續每天在發文咒罵她先生；直到某天，C 女突然發了一篇文說：「我現在很幸福。」她老公從那時開始，變得不太常回家，還大搞行蹤不明。她直覺想到她老公應該是去找 C 女了，於是以死要脅，這一鬧，老公可能良心不安，才又回家。但 C 女當然不會善罷甘休，不久後就在朋友圈發文說：「妳這個搶走我愛人的賤女人，怎麼可以這樣！我一定會咒死妳。」從那天開始，就換成她睡不好。

一開始也和她先生之前一樣，躺在床上就睡不好。接著，只要看到她先生就會沒來由的生氣，平常也吃不下飯，日漸消瘦。她的朋友看不下去，介紹她去找一個老道長，那位老道長見到她就說：「妳被人下符了！」遞給她一個隱身符，幫她化解被下的符咒。因為隱身之後，C 女拿她沒辦法，又氣得發

文咒罵一番，並說「不要以為我沒辦法。」於是又對她先生下符，再度重演前面的狀況，就這樣來來回回幾次，她受不了才來問我，有沒有辦法幫她先生隱身，或是可以怎麼辦。聽完上述的故事，我建議她可以去唸唸經，如果唸經沒有用時，也可以試看看西方的選項；也就是聖經。畢竟她找了道長也沒有用，不妨透過耶和華的力量，看看是否能對抗這符咒。她道謝後，我們對話就結束了，這時我抬起頭，發現我竟然又往回坐了三站。

被下符咒的故事，她朋友後來轉達，聽了我建議後改善非常多，隨著沒有任何後續，這件事就告一段落。所以這類事情不會因東方、西方的信仰不一樣而不同，關鍵在於「夠信」。

不要靠近「黑魔法」

很常有人問我，能不能用和合咒之類的咒法法術，讓他可以跟他的男女朋友復合，讓彼此相愛。通常會有這種需求，都是發生在剛分手不久，被分手的一方總會想說，是不是可以做什麼來復合，這想法會成為很大的動力。

一個男生因為放不下女友劈腿而跟他分手，於是就用這種法術對女方下咒。女生被下咒之後，每天吃不下飯，睡不著覺，一定要見到男生才活得下去。後來她爸媽下令不准她去找男生，把她困在家裡，她便不斷抓門敲門撞門，甚至還抓頭髮

尖叫，都只為了要出去見那男生。一開始她爸媽想找心理醫生來看，但她完全不配合，便改去找廟裡問事，這位道士聽了就說：「你女兒被人下咒了！」廟方的人就給了一個東西，放在女兒枕頭下，做個結界。剛開始，女生就像真的醒過來，恢復正常，沒想到一出家門，因為脫離結界，又瘋狂跑去找男方，繼續跟男生待在一起。

　　看到女兒變成這樣，她的爸媽再次去找道士，道士就跟這男生通話，告訴他：「用符咒做這件事，日後這道符會產生的業力有什麼，你是不是不知道？」並補充，如果不相信的話，可以去廟裡問，如果這件事情背後理由天理不容，當這道符被破的時候，他會受到一些業力懲罰。這男生聽完就趕快回頭去廟裡問，結果是真的，但想要解咒的話，還得再付一筆錢，男生覺得對方是想趁機敲竹槓。最後女生的爸媽想盡辦法，把她帶來廟裡，老道長作法完，女生先是一陣狂吐後就回歸正常，好像突然清醒一樣，自己都不知道發生什麼事。而那位下符咒的男生後來生了怪病，事業失敗，非常倒霉，從此沒有再來糾纏他們，也沒再聯絡了。

　　這也是為什麼我都會勸各位，不要太靠近這種「黑魔法」，有時候我也會收到有粉絲來問「能不能作法讓她跟前男友復合」，我一律建議不要。第一是，你永遠不知道，如果遇上心術不正的道士，更糟糕的後果會是什麼；第二是，妳現在是因為還在情緒中，很想要復合，但萬一有一天妳不愛了呢？

如果能以物理解決問題的，建議都不要靠玄學。

不要觸碰玄學祕術，無法預測後果

　　講到下符咒，其實滿多人不太敢隨便給生辰八字，就是因為怕被下咒、施法。實際操作上，沒有這麼容易的，在拿到你生辰八字後，還有幾個步驟要做。首先，拿到生辰八字這件事，就像是定位你的位子而已，下一階段，就得要有跟你相關的東西，例如頭髮，或是衣服、血液，必須是你身上貼身的事物。最後，他必須知道這個人有沒有守護神護身，他氣勢得是虛的才有辦法；如果是氣勢很強的，或守護神很強，你根本沒辦法碰到他。一般來說，我們在精神狀況很好的時候，不太會發生被下符咒的情況。比較常見會被下符咒的狀態，通常是精神狀況不好，或是你做了傷天害理的事，當你氣不乾淨、氣不正，就容易被趁虛而入。犯太歲的時候，也符合這個條件，因為犯太歲也屬於比較倒霉的時期。

　　但以上都還有項大前提，就是你的守護神沒辦法幫你扛，或是你真的做了不好的事，有虧欠對你下咒的一方。最後，才是大家最常犯錯的，是自己開放通道給人有機會下咒。舉例來說，道士說我要幫你改運，你願意嗎、你什麼都 OK 嗎？只要你回答：「對，我什麼都可以。」就算是打開通道了。通常這些步驟會在神明面前要你發誓，是不是只要能完成你的願望，

怎樣都可以，所以你的守護神沒有理由阻擋。

那你問，如果今天是 A 要去找道士給 B 下咒，但 B 沒有同意，這樣還可以對他下符咒嗎？的確還是可以，只是難度會很高，即使你有拿到他的頭髮、衣服、血液或是生辰八字等等的，伴隨的代價也同樣非常巨大，很有可能同時反饋在 A 跟道士的身上；除非道士法力足夠，他就可以用自身的福報來換。這也是為什麼道士會要求高額的費用，你想，他用自己唸三十年的經來抵，幫你下咒挽回前戀人，他怎麼可能會簡單就答應。

不過凡事都有例外，有些修道的人可能沒有預想到會發生這種事。像是我有個同行，算是命理圈的同事，他原本是在幫人請神看事，忽然有天說要學算命，我好奇一問之下才知道，他有個朋友被人倒債三百萬要不回來，也聯絡不到，只好跑來找他，看能不能用玄學方法幫他追討這筆錢。於是他作了一個法，沒想到三百萬隔天真的要回來，但這個同行當場就掛急診，後來被診斷出一顆腎壞死。這也算是神明在告誡他，不能再做這件事，於是他不能再用神力的情況下，只好來學算命。三百萬其實他也拿不到，最多可能加減收到一些分紅或佣金，但拿三百萬換你一顆腎，應該沒有人會願意。所以還是再三奉勸大家，不要一時興起就去碰觸這類玄學祕術，會有什麼後果真的是無法預測的。

每件事都有其代價

以我自己來說，我非常相信每件事都有其代價。在你選擇相信對方前，還是得有科學的判斷，沒有一件事會平白無故就變好。雖然靠著唸經、拜拜，會有些機會，但沒有任何付出，就希望沒事的話，難度真的很高。

除了符咒，還有一些法術也是這樣，其中奇門遁甲是我覺得最神的。另外也有聽同行講過「八字換命」。大家都知道八字是由出生年、月、日、時來組合的，古代的八字組合會是庚子年、丙卯月、辛丑時等等這樣八個字組合，而在傳說古代的八字技術裡面，可以在兩方同意後將八字過給對方。因為八字中，有個流派是說，「年」為你最早的運氣，再來是月、日、時，這樣依序排列，所以年先走，它就代表你最早的運氣。到了時，通常是晚年，可能五十歲以後，或六十歲以後。

那這個過八字的作法就是，雙方同意後，其中一方把最後兩個字給你，得到的那方變成有十個字，字越多，整體運勢平衡的概率越高，因此能量就會越強。但在做完之後，大概是半年時間，少兩個字的那方就會過世了。

聽起來很不真實，但我實際聽過我的客人遇過，這個案例是她被他的親戚換命。她來找我時，她便拉下衣服，給我看她胸口有個非常大的疤痕，邊說：「最近只要一到半夜，就會莫名想把自己心臟挖出來，已經不知道該怎麼辦。」而她胸口的

疤，就像是被挖了一個洞一樣，讓人非常震撼。

　　她一開始有去找位老師父，老師父問說，你小時候是不是有去什麼地方，然後遇到什麼什麼事情，一一講中她所經歷的流程，便推斷她是被親戚換命了。這換命的過程，發生在她很小的時候，有天被親戚帶去一個壇，因為年紀小可能發生什麼事都懵懵懂懂，就被割血滴血，做了一些置換。她的印象只到這邊，也不清楚實際上發生什麼事。那位親戚的女兒後續就是大好，她則是在忽然間，運就像被切斷。老師父說這種換法很聰明，因為不是在當下立即換，是慢慢換，到某一歲後，因為後面兩個字沒了、不見了，運就會從這邊突然「喀拉」斷掉。

　　從我的角度來看，透過看家中的風水局，一定找得出對應的困境。首先請她改變家中風水局，的確在改變家裡風水後，她的狀況就明顯好非常多，但真正能解決的方式，還是得去廟裡抽籤。這方法其實就是去廟裡拜拜，然後誠心抽籤請神明給予指示，持續每個禮拜都去，直到她恢復為止。我們在算命圈有一句話是「願力大於業，神通法術不敵業力，業力不敵願力」，一旦你夠誠心祈求，就會有人幫助你。

　　這也是為什麼古代會奉勸大家，千萬不要隨便給別人你的生辰八字，會發生很嚴重的事，原因就是這樣。但我老實講，你生辰八字拿完，還要定位錨點對你做這些事情，難度都非常大。不用太在意這件事。

如何化解

萬一不幸真的遭人下符咒，該怎麼即時發現去化解呢？我還是會建議大家，最直接方法就是去廟裡問神。你一旦察覺，最近怎麼好像精神狀況不佳，感覺腦神經迴路反常，還是整個人健康狀況不好，明顯出問題的時候，記得去廟裡拜拜問事。通常要問事時，第一個就是先懺悔。因為懺悔就有機會獲得原諒，如果你可能做了白痴事，你還不懺悔，就沒有機會原諒你，改善你的狀況，甚至可能會讓你死，這些都是很可怕的。先懺悔，接著展現你願意付出的心意，才有機會平息這個災，避免災害越來越大。

有些人想改運時，會去找老師改名字，但不知道大多數人的名字都是越改越慘。怎麼改名還越改越慘呢？因為你在運氣差的時間點去找老師，不但不知道他可不可靠，找到的可能也都不是好的選擇。這時候你找的老師，能幫助你到什麼程度，就要端看你的福報了。老師的好壞、功力、水準，都會與你息息相關。有時候那老師平時不錯，但可能你福報只有一點點，導致他還沒辦法幫你。

我之前有位客人，她就是運氣很好，提前獲得神明指示。這故事是，原本她替老公來問事，我就叫她順便一起去拜拜，結果一拜不得了，神明指示讓她抽了一支下下籤，並且告訴她，沒事快多做善事，否則之後要完蛋了。她能夠提前抽籤及

得到指引，最大的原因，我想就是她平時有發揮善心，行善積德。

因此真的平時要多做好事啦！沒事也可以去廟裡拜拜問事，畢竟老師法力再高，一定還是神明屬於比較高維。因為平時累積福報，關鍵時刻就可能獲得神明的建議，或是你去拜拜祈求時，守護神可能幫你一起求這件事。天無絕人之路，只要神明指示你有一條路可以走，你就有機會化解這件事。

如何挑選廟宇呢？基本上就挑你常去的就好。若家中有家神，也可以直接問家神就好。像我的習慣是去城隍廟。去城隍廟等同想像你直接跑去警局，找警察報警。但如果你是因為做了白痴事還不懺悔，警察就很有可能什麼都無法幫你。假設你可能出自內心貪婪，想去取得什麼，沒想到在過程中你錢都沒了，這些就是你自己要承擔的。可以常常去廟裡為你祖先祈福，為你父母祈福，關鍵時刻是真的能夠給予你幫助，給你一點靈感，閃過某個劫，都是有可能發生的。

如果你能夠抱著一片赤誠前去懺悔，有些劫數有機會能夠大事化小，小事化無，因為這些神明都是願意給機會，願意幫助你的；除非你真的太壞了。人在腦殘的時候，是真的什麼樣的想法都會有。所以我會建議，遇到倒霉事，會覺得自己很倒霉時，就快去跟神懺悔。別小看每一個你覺得「好倒霉」的瞬間，因為現實中沒有這麼巧，當一個人連續倒霉一定有原因。

例如有個人，可能因為那個禮拜連續好多天沒睡飽，便在

精神不濟狀態下做出錯誤決定。那為什麼會連續多天沒睡飽呢，很有可能是被干擾了，剛好特別不想睡，一直滑手機都是被干擾的可能。或是你有些周遭朋友，平時都正常，直到某天突然性情大變，有這種情形你也得注意觀察。我會建議一律帶他去廟裡，以免萬一怎麼了卻已來不及。

簡老師想跟你說

◆ 如果你最近衰得很離奇，快去廟裡多走走。

◆ 試著透過看看家中風水局，可以找出對應的問題。

◆ 建議大家不要濫信黑魔法，有天都會反饋到自己身上。

13 海豚、花精與靈婆——
靈婆的溫暖故事

「感應」是很玄妙的一件事，很難用三言兩語去解釋其中的道理，即便是我自己長期鑽研玄學，目前都還是透過看面相及命盤，去察覺一個人的身心靈狀態。前陣子我的工作夥伴之一，她去潛水時就認識了一位朋友逸，她就可以感應到其他維度的人事物，甚至連動物的意念都能夠接受。

不過這不是她與生俱來的能力，而是在一次嚴重的車禍後意外開啟的能力。

她在一場嚴重車禍中傷到脊椎，一躺就躺了三年，當時的醫生還跟她說，還好是她體重輕，不到 40 公斤，只要再多兩公斤，很有可能就會半身不遂。福大命大的她就這樣保住了行動能力，也意外開啟她與靈界的溝通管道，不但可以接收到聲音及影像，連動物說話及意念都能夠知道。會發現自己獲得這意外的能力，就要回溯到當時她去沖繩參加員工之旅。旅行中，參觀當地著名的海洋館，等她走到戶外圈養鯨豚等大型哺

乳類的玻璃泳池邊，她突然聽到一個女生的聲音，對著她說：「救我。」她回過頭一看，身邊的同事都是男生，完全沒有女生，就指著玻璃泳池問在一旁的日本工作人員說：「is it a girl?」工作人員點點頭回：「yes.」她馬上就確定，聲音來自這裡。後來與牠的眼睛對上後，豐沛的情緒鋪天蓋地地襲來，非常難過也讓後面整趟旅程都提不起興致了。

聽完我覺得非常奇妙，來自完全不同國家的動物，但是當通道被打開時，牠們就能以意念作為溝通媒介，讓逸接收到的情緒文字是中文。這次之後，逸才意識到自己被打通了這個能力。

在能力被開啟後，逸的身上陸陸續續發生特別的事，例如，當她走路或騎車，開始會看到不該看的東西，尤其是騎車時會出現一張臉在旁邊跟自己等速前進，剛開始很容易被驚嚇到，久了就明白有些是屬於比較淘氣的靈體，因為知道她看得到，就想跟她有所互動，也慢慢理解，自己可能被開啟了一些特殊溝通能力。像是寵物溝通，透過看著動物的眼睛就可以感應到 30％、40％。如果要開啟與別人寵物的溝通，就是看著牠，請主人先知會一聲，打個照面，就可以直接與牠交流。

若是與人面對面時，還能察覺這個人此刻心靈狀況，可以透過觀察他人頭頂顏色跟形狀，來感受他給人的感覺。像她說我是橄欖棕綠，形狀則有點尖尖的，表示我對自己以外的人，會適度去拿捏整個氛圍的分寸，但對內，也就是自己很熟悉、

認識超過十年的好朋友，就會直接展露我原本的個性，也會比較尖銳。

因為這項能力，她開始被身邊的朋友笑稱是「靈婆」。隨著時間過去，她的等級持續提升，甚至連植物都能感應及溝通。這是發生在逸在小琉球擔任民宿小幫手時，正逢小琉球迎王祭典前夕，他們必須要幫忙布置，因為祭典關係，路上的好兄弟增多，她就在房間門口設一些屏障，讓她們比較安心。結果聊天聊到小琉球的迎王習俗，她一直聽到有人在旁邊告訴她有哪些習俗傳統，可是她完全不知道，更沒有相關的宗教信仰，最後她忍不住對那個聲音開口問：「你是誰？」那個聲音便說：「我是牽牛花精。」逸聽了正覺得疑惑，她明明有設結界，牽牛花精接著說：「因為我等級比你強，所以還是可以進來喔！」

逸在小琉球期間，認識一位自由潛水教練，提到自己在訓練的時候突然發生 BO（Black Out ＝黑視昏迷），當時教練自己也覺得奇怪，怎麼會發生這樣狀況，還說要把自己當成案例素材。過了幾天，大家聚在一起吃飯聊天，席間，教練得知了逸有「靈婆能力」，半認真的問她，是不是因為他身旁有什麼，才造成他 BO ？逸立刻回答：「對啊。」逸便說，因為在他 BO 那次下潛的時候，潛到滿深的地方，不是一般人可以輕鬆到達的深度，加上那邊曾發生沉船事件，自然就屬於比較陰的地方。而那邊的靈體比較淘氣，加上教練有對他們的緣，本

來只是想要開玩笑玩一玩，想不到導致他 BO。後來跟在旁邊的兩個，覺得對教練很愧疚，於是就一直跟在身邊，希望能在教練下水的時候當他的守護者。

雖然逸能和不同維度的他們溝通，但她說最一開始可以對話的只是魂，像是某種意識，沒有明確形狀，有時候像一團霧。後來她嘗試透過靜心冥想去修行，原本只是以為修行可以將這個通道關閉，不再有這能力，沒想到越修行反而越清楚，後來畫面清晰到有時候她會被嚇到，能力提升後就連花精都能做溝通。靜心冥想並非沒有幫助，現在只要等級比她低的，她可以選擇將溝通通道給關閉，不會遭受干擾或攻擊。學習和這項能力共處，漸漸也知道有些事可以說，有些事不必說。

不能說的祕密

正所謂「天機不可洩漏」，這句經典俗語，自然有一定道理在。雖然我自己會留意身邊的朋友狀況，真的很糟糕或是感覺他卡關過不去的時候，我會約他出來吃個飯，提點一下，但畢竟我的能力還是專注在算命看相，並不是感應能力；但逸就不一樣了。前面提過她是朋友眼中的「靈婆」，就像好朋友的阿嬤過世時，會希望她轉達彼此給對方的話，其他朋友遇到家中有長輩過世的時候，也自然來找她。

朋友的阿嬤告訴逸，她的另一半過一陣子也會來，逸聽完

就沒想太多跟朋友提醒，要注意阿公的身體健康，尤其天冷要照顧一下。就這樣簡單幾句話，她朋友的家人就把阿公接到家裡一起住，因此阿公躲過一劫，等於她改變了阿公未來的命運，卻造成逸的精神狀況變得恍惚，最後只好去問神。之後她就知道，除了過往事實之外的事，都屬於不該講的範圍，如果不小心說出口，那就會反饋到她的身上，換她倒霉，換她衰。

除了報天機外，還有她認為「旁邊跟著誰」也不需要主動告知對方。因為我認識她時，就知道她是能看得到不同維度的朋友，自然會問「我的附近有沒有東西啊、誰誰誰旁邊有沒有什麼啊」，不過通常沒有主動問的，她就不太會告訴對方；一來是沒必要，二來不想被當成怪人。

有位護理師，本來是來找逸算塔羅牌，順口一問才發現自己後面跟了 13 個。因為很少看過這麼多，在講之前也有點擔心對方會害怕，不過了解原因知道，因為這位護理師個性很好，不跟人針鋒相對，也常常默默承受自己損失利益，所以跟在旁邊的都是被她照顧過的往生者，想要為她加油、替她打氣，都是很暖心的原因，也比較類似守護神的感覺。

目前這些能力對她來說，已經比較能夠掌控了。與不同維度的朋友相處，基本上秉持善意，不要太過踰矩，不太會接收到負面的回應，大多是守護的比較多。也曾問過神明，為什麼她被選中有這項能力，可不可以不要？神明回應，因為這是她

人生必經時機，要關閉當然可以，但之後命運就會比較坎坷。想要和這項能力共處，並能掌控，就是不斷透過靜心修行，讓自己變強，就可以收放溝通的管道開關。

有些人可能會想，有這項能力很棒啊，可以去賭博、買彩券，一定會發財。然而連天機都不能洩漏，自然是無法獲得任何好處。又或者說，為了要靠這項能力獲得利益，你能承受自己付出多大代價。最重要的是，她並沒有想將這項能力轉換成為工作，或是透過這項能力輔助她從事相關的內容，因為其中參雜負面情緒太多，有時候很難去控制。

事實上，窺探一個人的過去未來，往往都會連結到好與不好的情緒。而這些感受都是真實又強烈的存在。我常在替一些創業家朋友算命時，也會有類似經驗與感受。大家知道創業家都特別愛面子，就算日子過得苦依然拉不下臉，會說：「還行啊、不錯啊。」看到他們撐著說沒事，他們內心的難過也會傳遞到我身上。有些情緒豐沛的客人，就算沒有真的哭，我也會共感他的痛苦，讓我陷入難過的情緒之中。

簡老師想跟你說

◆ 即使開通與不同維度世界的溝通也要秉持善心善念。

◆ 跟在背後的有可能是來守護你的喔。

◆ 天機不可洩漏是真有其道理。

◆ 不知者才幸福，有時看透一個人不見得會快樂。

14 超能力粉絲來了！
祖靈給大家的溫暖建議

　　小朱，也是被我歸在屬於「超能力系」的神婆，她可以接收並看到畫面，擁有超視覺能力。同樣不是與生俱來就擁有超視覺能力的她，竟然是受到她的部落祖靈挑選才開啟的。

　　其實不只是小朱，在她身邊就有一兩位「超能力」前輩擁有這樣的特殊能力，所以在一開始，小朱看到畫面閃過時，就跟朋友以對答案的方式，互相驗證對方看到的東西，來確認自己是真的接收到這樣的訊息。這位朋友也跟小朱一樣，在某天因緣際會下突然開通。

　　這位超能力前輩在與小朱認識沒多久後，在一次聚會上突然問小朱：「欸，你是阿美族嗎？你是原住民對嗎？」接下來一一說中關於小朱家中的小事，包含她老家在花蓮，並且只剩一位阿嬤健在。小朱聽完，立刻起雞皮疙瘩，眼前這位剛認識的人，怎麼可以馬上鉅細靡遺地說出她家中的狀況。

　　只需要看著一個人，或是跟這個人有對話連結，眼前就可

以接收並浮現關於他的各種資訊與圖像，這類型的能力就稱為超視覺能力。小朱曾用過這樣的能力，跟她的男友「對答案」。像是男友在外地吃飯時，她可以看到眼前有咖哩飯跟高麗菜，男友就會告訴她，坐在他對面的人正吃著咖哩飯，而他自己在吃高麗菜。同樣的，小朱也能知道男友今天所穿的球衣顏色、訓練時是不是有人跌倒、誰滑過去，不用在現場也能接收到一閃而過的畫面。

通常擁有超視覺能力的人，是不太能夠濫用能力去改變他人的因果。由於小朱聽過身旁的人曾經試圖介入別人的因果，卻遭受不好的反饋，所以現在的她，不太會任意亂看，如果看到，也不太會去干涉。她會先記下來，等事情發生後再用「對答案」方式來驗證。

其中讓小朱印象很深刻的，是因為這個能力而第一次被鬼跟。當時她在家中吃飯，冷氣電扇都沒開，卻越吃越覺得冷，感受得到一股涼意。緊接著不舒服感就湧上來，開始頭暈想吐，接下來就看到，一位穿著日本高中生制服的女生坐在旁邊，用一臉哀怨的表情看著她。當下小朱直覺就是要和朋友來對答案，但她馬上就後悔了，因為隨著朋友的描述，眼前的畫面就越來越清晰、立體。例如，當她朋友先問這個女生是不是有穿一雙白襪子，白長襪，她抬頭一看，馬上就看見襪子。

她朋友接著問：「這女生是不是轉頭看妳？」

小朱在當下瞬間感受到臉頰非常不舒服，很緊繃、很涼，

嚇到的小朱就快要哭出來，著急問朋友該怎麼做，朋友就指引她可以唸蓮師之類的祈禱文，並且要恭恭敬敬的觀想蓮師，請蓮師把她送走，小朱照做後，講完之後就沒了。不過這只是開端，後來小朱的朋友分享自身的經驗，告訴她，這種經驗只有零次跟很多次，一旦發生第一次，接下來就會三不五時都會看到。甚至有次她戴的水晶手鍊，繩子突然斷掉，像這樣很不尋常的狀況，她直覺知道應該身旁有東西，她再次向朋友對答案，她朋友便說：「有個小男孩在玩妳手上水晶才斷掉的。」最後對小朱邊笑邊補上一句：「沒錯，就是這樣，妳已經會感應了！很棒！」

就這樣連續三、四個月，每天都會看到十幾次，讓小朱陷入了苦惱。因為這已經影響到她的生活，能量幾乎被榨光，什麼事都沒辦法做，身心靈都無法好好休息，非常地疲累。她就找了另一個也是在超視覺界的前輩，他對小朱說：「只要保持把自己能量提高，往內觀，要發自內心散發正能量，修內心。」後來她就真的去執行，每天發自內心感恩五件事，讓自己每天都能給予自己正能量，修內心。看似很簡單的方式，會有人問說有這麼容易嗎？其實簡單來說，這種做法就類似吸引力法則。凡是人，都會遇到屬於自己的課題，情緒過不去的時候。吸引力法則就是讓自己可以透過正能量，來讓身邊也都是吸取到相同能量的過程。你必須讓自己知道，你是可以去控制一切。包含小朱也是，透過這樣的方式來選擇自己想不想看，

想不想遇到。後來,當她心靈提升至高頻狀態時,她也就不再會看到「那些」,「那些」也不會再來干擾自己了。

答案,你自己內心知道

小朱是來自花蓮的阿美族原住民,其實她的能力也與她的祖靈有關聯。當她擁有超能力的時候,曾找過有法力的老師問事,才知道這能力其實類似萬中選一,被族裡類似大頭目的祖靈所挑選的。她聽到時,心中半信半疑,因為她自嘲自己根本是都市化的原住民,連她的爸爸都不會講族語了,更何況是她。而且她跟自己的原住民文化沒有緊密的連結,怎麼會被選上?祖靈卻回應她,這能力其實每個人都有,差別在於會不會用,而她被選中就是希望她能將文化傳承下去。

這種註定的使命,很類似道教講的「令旗帶天命」。意思是,每個人都有他能做的生意跟他能做的事,就像是在他身上有個證照。他可以做,別人不一定能做,做了就會倒霉或是不順。

好比在去年時,小朱有一段日子很忙碌,卻在她決定去參加一個與原住民相關的營隊時,那一天就忽然空下來了。但並不是什麼超能力的活動,而是讓大家認識自我,希望原住民的孩子、青少年,不要忘記自己的根,並且能夠關注原住民的議題的活動。讓她印象深刻的是當晚的大會舞上,唱著古謠的時

候，突然一陣感動很想哭，她看到她的祖靈帶著一大堆人過來看她，直到現在回想起來都讓她記憶猶新，祖靈對著她說：「孩子，你永遠都是我們的孩子。」她就終於了解這一切的安排都有道理，甚至覺得自己很不應該，還曾對祖靈說的半信半疑。

對於超能力，小朱仍只打算用來與他人分享祖靈的智慧，偶爾看到什麼也會以對答案的方式來處理，問到為什麼沒有打算用來算命，她只覺得太累了，她單純是喜歡分享而已。而且祖靈也跟她說過，身旁朋友知道她的能力，會想來找她對答案，會想問：「我會發生什麼事情、這樣做好不好？」祖靈都會回答一句話：「你自己內心知道。」

意思就是不管你做什麼決定，例如說要不要換工作、要不要換男朋友，其實這都是你當下的想法，你得去體驗它，不要拒絕它，即便你現在覺得過得很痛苦，那也是一種選擇，你要先意識到你有一種選擇，這樣就好了。這跟我常在講的內部歸因一樣。人要先理解自己不自由，才真的自由，因為你做的每一件事都是你選擇造成的，透過內部歸因找出答案，你才能開始做出下一個選擇，而不是把它歸咎於外在問題。

擁有這項能力的小朱，覺得最大的收穫反而是認識自己，並有感受到找回自己的根的感動。祖靈讓身為都市原住民的她有了原住民的名字，不會講族語的她，現在也因為祖靈，聽到單字大概能猜對意思，未來也希望自己更穩定後，可以去偏鄉

帶領國高中生認識自己，認識原住民文化。

最後我也請小朱問問祖靈，有沒有話可以分享給大家。

「給認真生活的大家，不要放棄，去體會，甚至有時候可以給自己一個時間，多去換一個角度思考一下你現在發生的狀況，可以帶給你什麼。」

簡老師想跟你說

◆ 我自己是靠後天努力，能跟超能力者對話都很興奮。
◆ 時時刻刻懷抱感恩的心，就能提升正能量。
◆ 切記吸引力法則。

15 看見前世，以及前世與今世的緣分

　　其實我在幫人算命時，也很常被問到：「簡老師，你會看前世嗎？」但必須說，我自己真的沒有這項能力，而小朱除了能和祖靈溝通之外，她的超能力也能夠看到前世。

　　一開始我們會認識小朱，就是她在我們節目下留言分享了她的前世故事，這篇就來聊聊，能看到前世是什麼樣的體驗。

　　小朱意外獲得超視覺能力後沒多久，有天做了一個夢。夢境很清楚，小朱一直狂跑，很累很累，在一陣狂跑後，出現一整排的水晶。此時在夢裡的她像火影忍者那樣唸咒語，她也清楚知道自己在唸咒語，但不明白是什麼樣的咒語。唸完後，一整排水晶全部碎掉，同時她就驚醒過來。

　　驚醒當下，她感覺頭開始發熱，非常地熱，身體跟著有點麻，好像不單單只是做夢。因為覺得很怪，於是小朱就去問了一個老師，再次詳細地把夢境說一遍。老師聽完後說：「妳的前世是阿美族的祭司。」他話說完，小朱眼前就出現了畫面：

一個男生，矮矮的，跟她差不多，沒有很高，又看到他的左手臂有圖騰的刺青。接著看到自己正在做類似儀式的過程，也看到她的祖靈在旁邊。她身上穿著傳統服飾，感覺很陌生，但又很熟悉，老師說：「現在你已經可以看到前世了。」

聽完後，小朱喜歡「對答案」的興趣浮現上來。很久之前，記得她朋友說，她曾經當過貓，而且是山貓，不是家貓。於是她看她朋友的，看完說：「你好像曾經在中國，你是一個很有錢的富商。」她朋友聽完便說：「對啊，我自己看就是這樣，我也有去問過老師，就是這樣。」小朱發現，原來是真的有看到前世的能力，但因為不能拿來亂偷窺，都只有看身旁的人，或是跟她比較熟悉的人。

與今世男友的緣分，從前世就開始

而出於好奇，小朱首先看了她男朋友的前世。

第一個畫面，他們兩個都是原住民，他現在也是原住民，只是不同族，那時候她是女生，那一世的狀態應該已經在一起，卻因為不同族不能相戀，後面的故事就像羅密歐與茱麗葉。某夜，在一棵榕樹下，兩人講好要一起私奔，到了約定的日期跟時間，小朱的前世去了，可是發現男生沒有來。她決定要去找他，結果發現男生跟另一個女生在一起，那個女生一直靠近他，想要用手摸他的臉，在那一世的小朱因而產生誤會，

小朱感受到那一世發自靈魂深處的怒氣，一怒之下跑回部落跟長老說，決定要接受跟別人的婚約，下一幕畫面就是結婚當天，小朱看到男友的前世從遠方跑過來，可是一直被擋住，最後留下沒有說清楚的遺憾。

小朱看完後，又跑去跟朋友「對答案」，朋友點頭，說小朱和她的男友有三世緣分。聽到有三世之緣，小朱決定再看一次。這一世的畫面是，小朱是男生，依然是原住民。而她的男友在這一世是一隻鹿。有天在山上時，小朱準備要獵殺一隻很大隻、有鹿角的鹿，結果獵殺到的鹿便是她男友的前世。鹿奄奄一息，小朱走上前去，因為牠眼睛是睜開的，於是小朱就對他說：「抱歉，我不是故意的，為了部落大家要吃東西，來生我再來還你」。然後小朱就把牠眼睛蓋起來。因為這樣，小朱也說這一輩子剛在一起的時候，就有股好像積欠他的感覺。

在前一篇有提過，小朱參加原住民營隊，當時她第一次跟一個女生見面，就覺得跟這女生特別聊得來，到了晚上營火晚會的時候，有一個橋段是要和隊員相擁，那一瞬間，她們兩個擁抱時，竟然都哭了出來。小朱心裡覺得很怪，就去看了一下，發現原來自己跟這女生某一世曾經在一起過。為了求證答案，小朱把照片給了老師跟朋友，看完說：「對，她在等你。」

小朱心想是等她什麼？他們建議小朱也回去看一次，小朱看到自己在那一世是男生，在出草前跟這個女生在月光下，小朱對女生說：「你不要等我了，這次之後我不知道我回不回得

來。」兩個人都很哀傷。接著下一幕便是小朱在叢林中，要躲避一個拿著槍追擊的日本人。她一直跑，透過觀前世，也能感受到有一種咬牙切齒的感覺。然後看到有一個人從她面前飛過去，因為日本人在後面開了一槍，應該當下要打到小朱，卻打到那個人。小朱形容自己看到畫面時，第一次感受到這麼生氣，甚至想要再往前殺了那個日本人，結果這時候前世裡的她，就被人家拖走說：「你不能去，你去了我們部落就沒有了。」看到這邊的時候，小朱也真的哭了出來，她說是莫名的想哭，現在講起來也會想哭。最後一幕，就是她感受到這次真的回不來了。在營隊裡認識的這個女生，就是她那一世的女朋友，「她在等妳，可是因為全軍覆沒，你沒有回來，她一直在等。」由於跟那女生其實不熟，也沒辦法分享這段前世故事，但再相遇至少給了對方一個擁抱，緣分大概就是這樣了，都遇見了，卻又不能說什麼；至少對方是快樂的，就像一種祝福，深深祝福她。

前世是隻貓

　　小朱的男友家有一隻貓，那隻貓很特別，家裡貓懷孕的時候就只懷牠這麼一隻。雖然家裡也有其他隻貓，可是小朱不知道為什麼，在貓出生的那一刻就很喜歡看著牠，也很喜歡去捉弄牠。本來以為只是因為小小隻很可愛才捉弄牠，結果後來小

朱想說，人家常說寵物跟主人都很有緣分，於是就看了一下，一看驚覺原來這隻貓是她前世的弟弟。她看到一個畫面，牠也曾是原住民，然後這隻貓在這世，臉有半邊是有紋路的。小朱看到前世，他半邊臉因為受傷，留有疤痕在。小朱看到的畫面也是在出草的狀況下，最後他看著小朱說：「姊姊，你會找到我吧？下一世。」

「對，我會找到你，不要痛了、沒事了，你會過得很好，換我來照顧你，沒事了。」然後小朱默默將他眼睛闔上。另外還有一個小插曲是，當初貓出生時，小朱順著直覺幫他取了名字叫「咕溜」，在後來回去看畫面時，他族語的名字就叫古魯克。講到有趣的前世，我也想補充我遇到一些人，我才發現他的前世可能是無機物。就我們現在想像的前世都是有機物，但他們前世可能是一把雨傘、薯條，其實這種論點我也覺得滿合理。在《西遊記》中，會說前世是佛祖前面的一盞燈，其實如果東西用久，是真的有可能轉成精的，像日本百鬼夜行有雨傘精，各種精，我也很好奇成精之後結束這世又投胎，是不是會變成人？不過小朱目前還沒有看過無機物，無法回答這題就是了。雖然可以看到前世，但也不是誰的都可以看，嚴格來說是不能隨便亂看，不符合天道。小朱初期曾因為亂看而身體不適，頭暈。後來知道不能隨便看，也有遇過會擋起來不給她看。她曾經看過幾個朋友，即使他開放權限還是看不到，後來去用易經的卜卦方式，才知道他前世是個鬼王，所以看不到。

轉世與冤親債主

除了看前世，小朱也見過祖先來解圍的狀況。有次小朱的男友在騎車遇到冤親債主來找他，是一個女生，他騎車時速沒很快，突然撞到一隻貓摔車，後來貓過世了，可是他人還好沒事。收到男友受傷的訊息，小朱剛好在老師旁邊，老師看了一下說：「那個冤親債主拿著黑令旗來找他。」黑令旗是很兇的狀態，老師就說：「還好你男友家的祖先有福分，拿了一隻貓去換他的命。」所以那隻貓是祖先丟出來，讓他撞上那隻貓。老師講完後，小朱就看到因為她男友前世是和尚，還有課題沒修完，所以累積很多冤親債主到這世。

讓她印象很深的是有兩個女性冤親債主。兩個人個性很不一樣，其中一個很淒厲地要來找她男友。於是小朱趕緊請教老師，老師建議，請男朋友真心誠意地在心裡面跟那女生道歉。讓冤親債主知道他是真心抱歉，因為沒有過去的記憶，但是是誠心抱歉傷到對方，最好說會吃素迴向給她，看能不能夠給她一點東西。而小朱感受到另外一個女生有一種愛不到、苦情的情緒，好像只是要等一句對不起。

在看了別人和自己這麼多種的前世，才知道她自己就已經轉世 91 次，但不是 91 次都是原住民，只是原住民的時間線比較長。有人說，你在這世可能會有一個很喜歡的東西，例如某種音樂或是圖騰文化之類，代表你跟這個事物很有緣分。有陣

子小朱很喜歡聽 hip-pop、跳街舞，原來她也曾經當過美國黑人，也跳街舞。

轉世 91 次聽起來很累，也很多采多姿，但要怎樣能擺脫轉世，小朱也認為要等修行成功的時候。大多數的講法都是修行要成功，才能再往一上階，所以小朱三不五時就會想要督促自己修行。「反正不要當人，好累喔，當人是最累的。」小朱說，「人要面對很多困難、生命的議題等等，我覺得每個人或多或少都會有，我會喜歡在我的認知裡，我盡可能的修完。有一句話說，每件事都會在你最剛好的時間到來。」小朱認為自己現在就是最剛好、可以承受的時間，所以會去慢慢修。

不過小朱說，她的祖靈也不想當神，覺得當神要管很多人很多事也很累。

簡老師想跟你說

◆ 超能力者可遇不可求，聽完分享真的覺得「太酷啦」。
◆ 因果輪迴是真有其事，奉勸大家秉持善念多多行善。
◆ 當人當神都有自己辛苦之處，多多修行提升自己。

16 仙到底是什麼？
凡人有可能修仙嗎？

不知道大家還有沒有印象，2022 年有部邪教驚悚電影《咒》。若是有看過電影的人，想必對電影中「佛母」記憶猶新。雖然電影中的宗教設定是虛構的，不過可以推測出，基本上有「佛」字的，都是偏佛教為主。我常說的仙、天尊，則是與道教比較有關。

雖然在古代，佛教道教會相互攻擊，但隨著時代演進也漸漸融合。以我來說，我信的全真教就是屬於儒釋道，主張三教平等。大家都是一樣的，也就不會出現互相攻擊的狀態。從現在角度來看佛道不分家，大多都比較揉合在一起，沒有那麼強的攻擊性。

那很多人就會想問「修仙」到底是什麼？常常聽我在講修仙，到底是在修什麼？首先，要先讓大家知道，大眾常說的「仙」其實不只是一種。仙，不但分很多種，還分得很仔細。最早我們可以看到道教經典著作《抱朴子》中，葛洪將仙分為

三種；天仙，地仙，屍解仙。天仙，大家比較好理解，就是直接能飛到天上的。地仙，比天仙低一階，所以他不會上天宮，會留在地面上，但仍然屬於長生不老，不會死的。屍解仙，就是等他死了以後才成仙，沒有一個固定人的形體。

而這三種仙，到了全真教底下「內丹派」，又隨著修煉的層次分成：天仙、神仙、地仙、人仙跟鬼仙，五種層次的仙。另外，常常有人會提到大羅金仙，其實大羅金仙並不在道書裡，所謂大羅金仙比較類似是道教對於佛的稱呼。

仙的階段

這五種仙，要怎麼對應階段分級呢？我們可以透過《鍾呂傳導集》中的〈論真仙〉來了解。

◆ 鬼仙

鬼仙，是所有仙裡面最初階的一種。他屬於在陰中超脫，就是死了以後才修成仙。畢竟他死前並不是仙，而是在死後才成仙的，所以沒辦法知道他的名字，也因為這樣，通常鬼仙比較沒有神明的形象。但是他還是有修成，不會輪迴，只是也沒辦法上到天宮。如果他繼續修行，他可能可以再投胎成人，並且再繼續往上修煉，嘗試成為人仙和天仙的階段。在鬼仙中，比較廣為人知的，就是在陰間管理秩序。

◈ 人仙

鬼仙往上一階，就是人仙。人仙講的是修真之士，也就是修行人。現代我們看到這種修真小說，例如築基期，煉虛還神，他們修煉的過程就屬於修真者，也就是人仙。「人仙是，道中得一法，法中得一術」，如果你精通一種法術，並且經過修煉後就可以讓自己不容易生病，若是在不會生病的狀態下，又習得法術，那就是人仙。

◈ 地仙

再往上一階是地仙，地仙就比較特別。「地仙是，得天地之半，神仙之才。不悟大道，止於小成之法。不可見功，唯以長生住世，而不死於人間者也。」如果你是人仙，透過不斷的修煉，修到小成以後，就能成為地仙。但成為地仙，前面有提到還不能升天，只能以長生不老之身，繼續留在地上，雖然擁有法術能力，但地仙在世間活久了，還是會覺得無聊，無聊的時候只好繼續修煉。修煉是為了升級嘛，所以地仙升級後，往上升一階段，就是神仙了。

◈ 神仙

「抽鉛添汞而金精煉頂。玉液還丹，煉形成氣而五氣朝元，三陽聚頂。功滿忘形，胎仙自化。陰盡陽存，身外有身。脫質昇仙，超凡入聖。謝絕塵俗以返三山，乃曰神仙。」前段

彷彿武俠小說一般，皆在描述地仙反覆不斷的修煉過程。而這修煉主要是在練就自己的內丹。當地仙煉成之後，內丹就會化成像小孩一般的胎仙，我們稱呼為「純陽體」，具有法身的形，就像是另外一個你。這也代表你修滿，可以「啪！」地就飛上天去，到了天上，就稱呼你為神仙。成為神仙後，如果還能在天上繼續用功，可以再往上升一階段，天仙。

◆ 天仙

「傳道人間，道上有功，人間有行，與造物同參；一旦功行滿足，受天書以返洞天，是曰天仙，乃為五仙仙品中之無上上乘。」天仙超脫之後，傳道到人間，並在人世間做很多善事，傳道大成，跟大家分享這個世間上正確的事情。後來受到天書呼應，返回洞天再回到天上，你又變得更加厲害。

◆ 仙官

最後一段提到，「下曰水官，中曰地官，上曰天官。於天地有大功，於今古有大行。官官升遷，歷任三十六洞天，而返八十一陽天，而返三清虛無自然之界。」如果成為天仙後，不想要自己在洞裡面苦修，你就有機會成為仙官。仙官通常分三種。通常大家常聽到的三官大帝，就與仙官有關。

而三官分別為，水官、地官、天官，當你能做出對天地有極大好處的事，並為人世間做了非常多好處之後，你又會再升

遷。

回到前面討論的，《咒》裡面所謂「佛母」，放在道教的認知裡，又會是什麼樣的樣子。若是以剛剛〈論真仙〉中的階級分類，直覺來看應該是某種鬼仙。

從死亡之後開始不斷地修煉，雖然修煉擁有法力，卻沒有一個特定的名字。而她的法力看起來也是屬於比較陰的，需要吃肉，需要獻祭。所以我覺得佛母可能是鬼仙。

但是另外還有一個可能是，她從人仙持了一種咒，被降階為鬼仙。

各種曾被記錄過的修仙方法

道有所謂三千大道，簡單理解就是，可以有超過三千種成仙的方式。在古代東晉時期，有部《神仙傳》，其中包含記載了「吃土成仙」。欸，不要笑喔，到了月底你常常說的「我錢花完要吃土」，說不定你是有機會成仙的喔！

《神仙傳》中，記載了一位名叫沈文泰的人，他從神仙那裡得到了一個土符處方。土符是由黃土所製成，只要靠吃上，就可以活兩千多歲。他就照著吃這個土符處方，最後去到了崑崙山，臨走前把這個技術傳給他的弟子李文淵，提醒他說，吃土要按照嚴格方法，不然對身體有害。雖然吃土是會成仙的，但還是有方法跟前提的，大家不要當真隨便亂吃。

這種特殊的修仙方式，除了吃土，還有吃玉、吃石頭，甚至有吃神木，啃樹皮等等，用這些方式獲得天地靈氣來成仙。另外一種煉丹、吃丹藥，其實用現代角度來看，丹就是重金屬提煉製成，所以也算是吃重金屬後成仙。

回過頭來看《咒》，要吃的是小孩，獻祭小孩。可能有人好奇真的有吃小孩能成仙的嗎？的確在古代裡很多修仙方法，屬於比較暗黑，比較可怕的。吃童男童女，喝處女血等等，都算是透過吃人來得到精華。只是這些在本質上，其實不太人道，算是違反天道的事情。這些修仙模式，也因為過於殘忍，逐漸被淘汰捨棄了。

不知道大家有沒有聽過「胎盤素」？早期的時候，因為沒有很好的萃取技術，其實也同樣是相當殘忍的方式。不過現代科技進步，加上萃取精華的方法越來越多樣化，即使不用殘暴方式，也能夠嘗試得到類似的效果，只是不能夠成仙就是啦。

還有另外一種，在現代比較遭人揚棄的，就是「雙修」。這一詞相信大家聽到的時候，直覺聯想到的都是神棍、騙財騙色等等比較糟糕負面的行為。

但它在道教裡，最早記載的是房中術。在古書《抱朴子》裡，也有提到雙修的篇章段落。主要是講到「黃帝以御千二百女昇天」，然後說軒轅黃帝因為這樣，從此長生不老，也因為如此房中術，也被稱為御女術。

不過這個說法，在古代的時候就被道士否定了。因為實際

上，黃帝還有靠其他的修煉，謠傳黃山原名為夥山，是因為黃帝在此煉丹羽化成仙，後世才將此地稱為黃山。關於軒轅黃帝修煉故事，版本眾多，確實不只靠御千二百女的房中術。

況且御千二百女，以現實角度來看，1,200 個人，本來就是件難度相當高的事情，對吧！再來，若黃帝有其他修煉，同時間他還服藥千種，總得要養生才能煉成。在古代，道士普遍認為，想成仙，絕不能輕易泄了陽氣，陽氣不能泄之外還得煉內丹。所謂的雙修法的確是可以採陰補陽，但關鍵是這種做法條件要求年紀小的女孩，其實違反道德，後來的道士也懷抱類似感受，久而久之便取消這種修煉方式。撇除這些之外，其實仔細看過房中術的條件，也會認同執行層面是非常困難的。例如說，天氣要好，人不能累，時程要對，還要狀態好，規定次數。全部條件都符合的狀況下，一年說不定只有兩、三天。如果做的時候，不小心又一個要素不符合，又無法達到所謂的陰陽交合。所以這件事，我怎麼看都是百害無一利，這也是為什麼雙修會隨著時代演進，變成既不科學，甚至是低等的修煉法。

高階修仙方法

古書中有段記載著：「夫為道，立功為上，除過次之。為道者以救人危使免禍，護人疾病，令不枉死，為上功也。欲求

仙者，要當以忠孝和順仁信為本。若德行不修，而但務方術，皆不得長生也。行惡事大者，司命奪紀，小過奪算，隨所犯輕重，故所奪有多少也。凡人之受命得壽，自有本數，數本多者，則紀算難盡而遲死；又云，人欲地仙，當立三百善；欲天仙，立千二百善。若有千一百九十九善，而忽復中行一惡，則盡失前善，乃當復更起善數耳。又云，積善事未滿，雖服仙藥，亦無益也。若不服仙藥，並行好事，雖未便得仙，亦可無卒死之禍矣。」

還記得前段提到，當成為神仙仍持續對人世間有所貢獻，便能升成天仙。今天如果一位道士想要成仙，也是一樣得先立功。所謂立功就是指，要對人世間有貢獻。即便你會很多法術，卻不是一位有德行的人，像《咒》裡面的佛母，要別人獻祭，害死他人這種；一樣沒辦法成仙，沒辦法長生。

而當你做的壞事越大，即使你前面辛苦所修煉得道的壽命，也都會被扣除。犯小過錯，就扣掉一點；犯大過，嚴重者會導致你丟掉一大段壽命。假使你天生註定壽元很長，也許被折扣壽命不會馬上導致你死亡，但要是你的壽元本來就很短，即使只是小小的過錯，都有可能一起歹念，人生也就跟著終結。

好，那我們知道要有德行，不做傷天害理之事，不起歹念。但是光是立功還不能成仙，得先看你要成為哪一階段的仙。例如地仙，雖然只能繼續在地面上，卻擁有長生不死之

身。要成為地仙得做 300 件善事，成為天仙就要做 1,200 件善事，只要其中有一件壞事，就前功盡棄，就算你已經累積1,199 件善行，只要一步踏錯，你累積的善行就當作一筆勾銷。

很多人看到這一定會就想說，「拜託！我這一生做的善事，早就超過 300 件了吧，這很簡單啊，我也沒有成仙欸！」因為其中核心的關鍵其實是不能做壞事。同理，如果你做了善事，可能只是你自己覺得善事，其實根本不到位，那即便你吃很多仙藥沒有用，一樣不會成仙，一樣無法長生不死。但如果你行善，做很多好事，就算沒吃仙藥，沒有想要修煉成仙，也沒有那麼容易說死就死。

走火入魔

凡是修仙者，或多或少都會遇到心魔。當你的善越大，就會出現必須對應的惡，這種時候也就容易產生心魔。我們剛講過要行三百善，才能成地仙，只要犯了一點小惡，就會前功盡棄。因此行善不能停，為惡不能行，你要不斷地去克服自己的心魔。偏偏你還是會受到心魔迷惑，可能為了要彰顯你的力量，或是起心動念為了自己的自信，為了自傲。只要被心魔一迷惑，你就可能會去傷害別人，控制別人。這時候你以為你所做的是善事，但可能對別人是壞事，更有可能因為被迷惑後，自己成為了魔。

全於人道盡於仙道

我認為修仙是一種認知，認知是你基於對世界的理解，所做出的反射。我們剛剛所說的不管是打坐、唸經、唸咒，或各種方式，其實都只是法術之一，但你需要做的是善事。請記得，核心關鍵在於你不要去想，我今天修仙後可以得到什麼好處，或者是你今天做一件善事卻在意能獲得很多的好處。本質應該要回歸我常講的「行善積德，早睡早起」，因為當你有健康的肉體，就會有修仙的本錢，有做善事的本錢，然後你讓世界變得好，當世界好，你就過得更好，你也更值得修仙，我們在世間過得很棒，所以我們留下來成仙。

所謂「全於人道盡於仙道」，就是你已經成功地做為人了，你是人，而且是好人的時候，你離仙期就不遠了。倘若你今天做了一件事，過程中根本不覺得自己是好人，甚至旁人一看，都覺得你就是壞人，這時候你離仙道就很遠。

有信仰這件事，本質上沒有問題，但你為了這個信仰，開始產生失控的行為，或是自傲的行為，你可能得消耗別人，傷害別人，甚至是去欺騙別人，用很多不同方式去讓別人過得不幸福，這時候你的本質就變質了。

簡老師想跟你說

- ◆ 不管是為人還是修仙，不要忘記為善。
- ◆ 成為仙的修煉也不斷在為人世間做出貢獻。
- ◆ 日常中做到「行善積德，早睡早起」也是走在修仙的路上。
- ◆ 切記，善的本質是自我修行。

PART 05

行善修身

TIP

我們所做的每件事，不論善惡，
最終都會像迴力鏢回到自己身上。

17 善與惡的迴力鏢：
做個好人很重要

　　生活中，每個人多多少少都會犯錯，不太可能有人是完美的。有些人是這個地方不好、有些人是那個地方犯錯，還有些人會覺得他已經唸這麼多佛，怎麼還會這麼慘？因為他可能總是在攻擊自己的小孩，或是攻擊其他人。仔細去看，你生活中的一切，其實都是業力的流轉。不管是善，還是惡，都是會造成業力。

　　所謂業力的過程，其實最後都會造成你人生裡出現某些好事，或是出現某些壞事。畢竟不是每個人都會讓自己私生活的一切，百分之百攤在陽光下，讓全天下的人看光光。可是仔細看會發現，某些人的成功或失敗，真的都和他的私生活或是他的思維有很大的關係。換個方式來形容，大家可以想像善惡是一種迴力鏢，當你將它扔出去後，飛到一定距離就會飛回來，如果投出去是善，回來的就是善；反之，當你投出去是惡，最後打到自己身上的也就是惡。你常看，很多人會忽然間覺得自

己好倒霉，怎麼衰成這樣，或是突然遇到好事，就是一連串的好運，都是同樣的道理。

拋出去的迴力鏢：因與果

　　近期我在很多事件上都有非常深的感觸。例如有的人事業遇到瓶頸，就會發現他在孝敬雙親上可能是有瑕疵的。又例如，有些人在事業上與他人合作，或是跟他人互動時，總會出問題，你就會發現他不管是婚姻，或是跟兄弟姊妹的相處上，也通常都會衍生問題。不一定是很嚴重的大問題，有時候可能是很小的事，也許他只是不想跟他父母說話，只是這樣。但你會發現因為這過程時間軸拉很長，導致他人生在某個環節點就是一直不會好，原因就是他沒有發現每個事件的節點都是息息相關。

　　所以當他運氣很低很低的時候，所謂的冤親債主就會趁這個弱點，把他撬開，帶給他一個很慘痛的教訓。不管是小孩的問題，爸媽的問題，另一半的問題，都一樣，最怕的就是，你最在意的事情被毀滅了。

　　你所拋出去的迴力鏢，會在某個時間點瞬間飛回來打到你。迴力鏢飛出去的時間越長，那飛回來的時候力道絕對是相當足夠的，可能被打到時，會讓你痛不欲生。因此善的迴力鏢飛回來是大好，惡的迴力鏢飛回來就一定是大壞。

我有個朋友，之前都一直待在英國，好不容易回到臺灣，卻覺得事事不如意，尤其這兩年的運一直很不順，找不到自己想做的工作。於是他就去了一間宮廟，宮廟的師兄師姐一看，就說他的冤親債主大概在兩年前，就已經找上他了。而且還是他前兩世或前三世的冤親債主，找了他兩、三世，終於在這一世找到他。因為他這兩年運很弱，這冤親債主正在等他到六月，運最弱的時候，要他償命。那個時間點，其實離他去宮廟的時候相當近，就差幾個月，於是廟裡的人就趕快說，再不趕快處理，你活不過六月。

　　再說另一個很玄的故事。我有個朋友，他的小孩有天生的視力與聽力問題需要靠助聽器，在學習上相對有障礙。所以母親到處求神拜佛，四處問有沒有辦法讓小孩改善。辛苦了很久，當這小孩六、七歲時，母親仍然不放棄，也因為如此找到了我。雖然現在不太記得我確切說了什麼，但我有印象，我覺得他小孩之後會不錯，雖然不知道他視力跟聽力的問題會不會解決，只是單從命盤看，知道後面會有些好事。過了一陣子後，我從朋友那裡輾轉得知，小孩全好了。小孩的媽媽後來繼續求神拜佛，遇到一個拜觀音菩薩的師姐，她問師姐，她很想要幫她的小孩，有沒有辦法？或是可以怎樣幫她小孩祈福。師姐非常憐憫她，就幫她問菩薩，沒想到一問不得了，菩薩說她吃的苦已經夠久了，所以已經沒事了。這媽媽聽了，很困惑是什麼意思？師姐轉達菩薩的意思，說你的小孩九輩子以前是狀

元，名利雙收相當風光，但有次為了私怨去陷害了一個人，把這個人弄成了又聾又啞，所以這輩子來償還的。這個靈魂等了九輩子，直到這一世，在這媽媽懷孕的時候，跳進來讓小孩體驗又聾又啞，沒有辦法讀書的感覺。回去後，因為小孩正好是從夏令營回來，一進門就跟媽媽說：「媽媽我不用戴助聽器，現在都聽得到了，以前看都黑黑的，現在都看得到了！」

　　一瞬間這小孩都好了，後續學習也都上軌道了。媽媽很開心去問師姐，要怎麼報答才好？師姐就說：「你不用報答我，你只要把這個故事到處去跟人家講，因為現代人都不信因果報應，你去讓大家知道這故事，讓大家行善積德。」所以我輾轉聽到這個故事，也希望跟大家分享，因為我真心覺得，很多事情其實都是善惡迴力鏢。我相信沒有人想要自己的摯愛出問題，或是在意的事情幻滅、毀滅，所以要讓自己一直保持在德性相對高、感恩的狀態，其實你真的就比較不容易出問題。

　　我真正想說的，就是做個好人。做個好人很重要，而且絕對是一個能夠影響運勢的重點。有時候你的因果報應有可能就是發生在這一世。

超渡祖先非常重要：源頭要顧好

　　再分享一個我上電視節目「新聞挖挖哇」時，所聽到的廖老師的故事，相信大家聽了會很有啟發。

廖老師那時候開了一間觀音殿，經常會有人來問事。有一次，一個人來問事，因為她老公全身骨折很嚴重，正躺在醫院，她想知道有沒有辦法幫忙把事情處理好。因為事情很詭異，當初的狀態是她老公的爸爸離開，但他們沒有所謂宗教信仰，不信道也不信佛，就在殯儀館草草隨便弄，找的團隊不靠譜也沒弄好，但他們想說過了就過了，就回家了。沒想到過了一陣子後，她老公開始每天晚上都睡不好，一直做惡夢。

有天在半夢半醒間，聽到有人叫他，跟他說他爸爸找他，她老公就突然爬起來，走到窗邊，發現窗邊有人一直在呵氣：「哈、哈、哈」那種霧氣，他心想：「怎麼會這樣，是有人要進來嗎？」於是他一打開，就聽到有個老婆婆說，你爸爸叫我來找你，你靠過來。他打開窗往前走，就這樣摔下去了。

實際上他家住在四樓，四樓是不會有人呵氣的。而他打開窗往下走，直接撞到遮雨棚，再撞到二樓的露臺，再摔到路上，才會這樣全身骨折，躺在醫院裡。而且他在下去的前一秒，他老婆還在後面叫他，問他要去哪裡，他翻著白眼說：「我爸爸叫我。」就整個人摔下去了。

而他老婆就是為此來問廖老師，想知道為什麼會這樣。廖老師就說，他爸爸當初走的時候你們沒有送好，所以在送的過程中，那些冤親債主沒討完，他就死了，那要父債子償。如果那時他爸爸過世的時候，小孩有燒金紙處理或好好誦經，就能夠把功德分給冤親債主，代表你這輩子雖然還不完，但不要留

給小孩。沒想到他們就是沒有好好處理，所以最後就父債子償。

再說我的夥伴之之，她的大伯有次在掃墓的時候，不小心動了家裡可能某一世祖先的骨灰罈，放到錯的位子，但沒有人知道，他自己也沒有留意，導致他之後十年腳幾乎不能走。直到有天，因為之之的爸爸去問師姐，為什麼他哥哥突然間這幾年腳都不是很好？

師姐就問他說，是不是在某一年掃墓，有動到某一世祖先的骨灰罈？因為他不喜歡那個位子，所以你一定要在下一次拜拜的時候，一定要親自去跟他道歉，並且把他移到正確的位子，而且要記得選在吉時做這件事情。很神奇的是，之之的爸爸做完這件事情之後，大伯的腳在幾個月內就完全可以走，再也不用拐杖了。

之之跟我分享這故事，她很驚訝為什麼祖先也會對自己的子孫有這麼大的反應，祖先總不可能是他的冤親債主啊。我要分享一個邏輯，就是當你的源頭壞了，你當然也會跟著壞。你可以想像人的整個因果業力就像一臺電腦，開機鍵壞了，就算其他再好都沒有用。電腦的組成一定是所有東西要一起合作才能動，一個按鈕壞了其他再好也沒有用。所以為什麼我一直分享拜祖先、超渡祖先非常重要，就是因為源頭很重要。

紫微斗數的「武曲化忌」

相信有常聽我節目的人都很熟悉，在武曲化忌的時候，紫微斗數裡有個結構叫「鈴陀昌武」。是指武曲化忌那個格子，如果三方四正，它綜合結構裡有鈴星、陀羅、文昌、武曲星又化忌的時候，這在古代叫「限至投河」。一般來說，大部分算命師對這個理解是會破財很嚴重，但這個結構是很稀有的結構，怎麼說？先說鈴星是不會移動的，所以如果你出生那刻，你武曲星跟鈴星沒有在對應的同樣交集位子上，你一輩子都不會有這個問題。但如果你有的話，再加上文昌星跟陀羅星，這兩個在流年的時候會移動的，所以有可能組合出這個困境。這其實有一點點命中註定的味道，因為它不是運氣的問題，是你天生要有這個結構才會遇到，代表命中註定有要你出問題的時間點，只是會發生在什麼時間。

我一次去北京時，有看過一個案例就是「鈴陀昌武」的結構，這出現在那個人的父母宮。案例的爸爸有天出門就沒再回來，他爸爸大概 60 歲左右，出門後就沒有回來，然後三天後屍體被找到，找不出原因，也不是被雷打，他爸就突然過世。

這是第一次我發現這個「限至投河」的結構是會出問題的，他不一定是破產所以投河，武曲星一般來說是跟錢有關，所以大家的認知就是破財之後發生事情，但其實不是。後來也有一次在為案例看命的時候，我就問他：「你爸今年過世

得很突然嗎？」他說對，非常突然。他爸爸本來身體有些慢性病，但都一直好好的，還出去玩什麼都很好，結果突然某天就過世，就是在武曲化忌的時候猝死。武曲本來就跟骨頭和肺有關，所以他最後生病的原因是與骨頭和肺有關。

後來也看過一個案例是命盤結構出現這個問題，我就問他說你是不是那一年差點死了？他就說對，是在一瞬間發生了意外。這意外非常嚴重，他撞到了一個東西，撞很大力差點就死了，之後也在醫院躺了很久。我問他：「是不是像被雷打到？」他立刻點頭說：「對！你怎麼知道？」我就知道武曲化忌的結構，是真的會有問題的。

參加超渡法會：慎終追遠的好處

事實上，當你發生各式意外的問題，如果你祖先有足夠的德，是可以幫你扛一下的。因此我還是想強調在每年的中元普渡，各位朋友都應該去參加法會，幫你祖先超渡，我真的非常由衷相勸大家。像我在虎年中元普渡的時候，我也發現我很常忘掉我的兄弟姊妹。我媽有流產，所以我有無緣的兄弟姊妹，但我過去每次參加超渡法會的時候，只有寫簡氏歷代祖先。加上媽媽也可能忘記了，他就會永遠被遺忘。所以一般來說會有個牌位讓你寫無緣手足，因為你也不知道你媽媽到底流過幾個，成胎的話當然比較好知道，但不成胎的話誰知道。所以一

般超渡就是寫無緣手足一起超渡。如果你確切知道有或沒有，比較好的做法就是你給他一個名字，或請媽媽幫他取個名字，就可以寫他的牌位超渡他。

我跟大家分享一個很玄的故事，我在牛年清明節的時候去做超渡，我還記得去一間禪寺，因為我都會去那間禪寺看整骨的醫生，所以我看到那裡剛好有超渡法會時，就想說我可以去超渡我的祖先。那一天我就寫了四個我祖先的名字上去，這四個裡不知道為什麼，有幾個怎麼擲筊都不會過，就一直問你有沒有來領功德，有沒有來領，都一直不過，最後就改問：「那可不可以改天來領？」才擲出聖筊。但我不知道為什麼那天沒辦法來領，直到我回家後才知道，原來那天我爸、我媽、我阿姨，正在另一個地方辦法會，參加法會的時候有在牌位上寫某幾個人的名字，所以他們在那裡，我輩分又比較低，所以不會來。還有一點是，因為我是看族譜，所以我是把全部祖先名字都寫上，我爸媽則是寫他們認識的，所以說這到底有沒有來領，是真的有的喔。當你給他一個名字，直接給他功德讓他領，是比較有意義，也是一個神奇，很玄的做法。

再補充一點，功德是累積的過程，每次做就會越來越好，冤親債主就越消越少。絕對不是你做一次就到位就會好。因為人幾世下來太多了，你所能做的事就是幫他們減少一點，最後再讓他變好。在這些過程中有些他們升天了，但他的冤親債主沒升天，這樣是你後代要扛喔。我自己在看周遭朋友，有些賺

很多錢的，也有很多遇到奇怪的事情，很慘的人也很多，我覺得有點太不平靜，只要太好或太壞，我覺得都不是好事，所以真的很建議大家可以去參加超渡法會。

我有個朋友聽完就去參加超渡法會，他最近就是滿慘，我遇到他，就好奇問他：「你不是有兩個祖先，為什麼有一個祖先你從來不寫？」他聽了就說：「對欸！我沒想過這件事。」之後他就把兩個祖先名字寫上去，兩個姓。結果在超渡的時候，擲筊會問祖先領受是不是很開心，出現聖筊代表開心，就可以放心離開。但我朋友他從來沒拜過那個祖先，怎麼擲筊都過不了。

「要不要領受？」，不要。

「可不可以滿意？」，不可以。

「這樣可不可以？」，不可以。

就這樣一直連續都不過，全場人可能大多是一次就過，最後那道士說：「中元節再幫你普渡可不可以？」才終於可以，他才可以離開，所以他是全場唯一到後面加購的，因為那時離中元節還很久。在旁邊的我想說是什麼狀態，也跟著跑去後面加購了。這件事情讓我覺得真的是有這麼一回事。不要想說你又感應不到，你想想看，擲筊有機率成分存在，為什麼那個沒被拜過的祖先會一直過不了，代表真的是欠太多了。

最後我會建議大家，以後盡量不要寫歷代祖先，把族譜調出來，沒有族譜就問爸爸，有名字寫名字，真的沒名字才寫祖

先。奉勸大家慎終追遠，真的是很重要，多拜拜，多行善積德，有拜總比沒拜好，會不會成佛我不知道，但你人生會過得相對好一點，才是真的改運的開始。

簡老師想跟你說

◆ 你所做的每件事都像迴力鏢，不論是善還是惡，最終都會打回你身上。

◆ 祭拜超渡祖先很重要，祖先德夠多才能幫你扛。

◆ 調出家裡族譜，日後祭祖才能讓歷代祖先都領受功德。

◆ 若家人曾有流產打胎，也記得要超渡無緣的手足。

18 行住坐臥間皆能冥想？

　　你有聽過正念冥想嗎？冥想其實是需要透過練習，或是搭配冥想教練的指引，才能真正達到功效的。

　　所謂正念冥想，其實在歐美地區已經流行一陣子，近年慢慢推廣到亞洲地區，現在只要打開手機 APP 應用程式，就可以看到相關的服務，或是在串流平臺 Netflix 上，也能看到相關類似的影音內容。不過我想絕大多數的人，應該很難想像「冥想要練習」這件事，甚至竟然還有專業的「冥想教練」在教人怎麼冥想。

　　在美國 Google 總部裡，就有類似正念冥想教練的一個角色，他是來自新加坡的陳一鳴。陳一鳴不是瑜伽大師，也不是玄學家或佛教大師，他是 Google 早期元老級的工程師。正因為他職務的關係，他發現，他和同事一旦認真於工作時，就會太過投入，導致下班沒辦法抽離工作的情緒，甚至放假想要好好徹底休息，都相當困難。

這樣的情境，現代人的你我都相當熟悉吧！當你的工作內容強度很大，到了家明明癱坐在沙發上，你的大腦仍然無法休息，更不要說放鬆了。陳一鳴就發現他怎麼嘗試，都沒有一個方法可以真正讓他及同事放鬆下來，直到他嘗試了正念冥想，發現他竟可以從中獲得平靜與快樂，他便跟同事們分享這個方法。很多人跟著他一起實行後，發現他們的生活獲得很大的改善，同時更感受到心靈平靜，頭腦更加清晰。上班時注意力更加集中，下班時徹底抽離工作，達到實質上的養精蓄銳。

他開始在 Google 總部裡推廣冥想，成效迴響也非常好，甚至開設一門為期七週的正念冥想課程，叫做「搜尋內在的自我」，有點類似佛教裡內觀概念的感覺，教導大家練習從呼吸來恢復平靜，找回快樂，他不但成為了冥想教練，更讓他在 Google 成為大家的「開心夥伴」。

冥想：面對事情越沉穩

前面說到，正念冥想在歐美已行之有年，除了陳一鳴之外，還有第二個冥想教練是布蘭登‧雷諾斯（Brandon Rennels）。

布蘭登‧雷諾斯的特色是，他會透過冥想，讓他可以非常專注眼前的事項。以前的他因為情緒不夠平靜，遭遇很多困境，後來他開始練習正念冥想，利用每天短短一分鐘，加上規

律練習，在幾週之後，他的內在漸漸出現改變。當自己越能平靜，面對事情就越不容易被挑起煩躁情緒，能夠更願意去聆聽他人，在睡覺的時候也更加沉穩。

　　正念冥想為什麼能這麼厲害？因為當你在執行正念冥想的時候，就能把壓力慢慢轉移出來，轉移成為休息狀態，當你腦袋暫時關機時，就可以專注觀察自己的呼吸。這時的狀態，我認為完全可以用「活在當下」來形容，你可以感受到自己跟周圍環境的關係，可以聽到很多以前聽不到的聲音，能夠感受到自己呼吸胸膛的起伏、腹部的起伏，甚至也能感受到自己的心跳。

冥想練習

　　你可能有聽過各種說法，打坐、靜坐、正念、冥想、靈修、禪修等等，不同派別有各自的稱呼，但目的跟對自己的幫助都差不多。也有人好奇，在執行的時候，應該什麼姿勢才對，雙腿盤著還是單盤？雙腳放開可不可以？這邊所謂的冥想，有點像佛教的靜坐，需要專注在你自己的呼吸。不管是周遭很多雜音，或是你的大腦停不下來一直惦記在工作上，都先把注意力關注在你的呼吸上，一呼、一吸，一呼、一吸。

　　這邊我們可以嘗試一次冥想的練習。首先，找到一個安靜的地方，然後用你自己覺得舒適的姿勢坐下來，如果平躺是你

覺得舒適的姿勢也沒問題。

接下來，做幾次的深呼吸，鼻子吸氣，然後吐氣，盡量讓你的呼吸聲音自然就好。很多人以為在冥想的時候，一定要去除雜念，只要有雜念閃過就叫失敗，其實不是。當有雜念冒出來或鑽進來，你可以去觀察那個雜念是什麼，知道是什麼，再回頭專注你的呼吸就好。這樣維持一分鐘重複做練習，只要你透過不斷練習，你的大腦就會開始產生變化。

如果平時工作壓力很大，或多或少會出現壓力的反應，就可以透過正念冥想，透過這樣呼吸的練習，改造和鍛鍊前額葉的皮質，能夠幫助我們認知到今天的壓力來源，也能夠停在這裡，思考眼前現況，換句話說，你也不容易被情緒綁架。

科學角度：一流的休息，增加大腦灰質

在《一流的人如何保持顛峰》書中，也有談到類似的狀態。書中寫道一流的人，連休息都是一流的，若你今天沒有辦法一流的休息，那總有一天你就會像車子沒有保養一樣壞掉。而正念冥想這件事情，就是做一流休息的練習，不斷練習的過程中，大腦中的灰質會越來越多，能降低杏仁核劫持的效率。

所謂「杏仁核」是大腦中負責情緒的中樞。你是不是曾在工作或有些場景中，出現自己沒辦法溝通，失去自我的情況？跟爸媽講話的時候，他們多唸了你兩句，就受不了翻臉了？老

闆才講沒幾句，你就突然好生氣，或是另一半突然說出一句話，讓你急著想反駁對方怎麼這樣說你，這些都是你的杏仁核被劫持的狀況，以上任何一種情境，只要情緒爆發，伴隨而來的絕對不是幸福快樂，對吧。

這些都是當下感受到危險時，會想採取對抗的反應，像刺蝟一樣的去反擊刺傷你的人，但透過正念冥想的方式，就能夠改變你的大腦，讓杏仁核不被劫持。

科學研究，改變大腦的過程，是能夠讓你認知到：我現在好像要生氣了，可是我知道不可以。如果一個人杏仁核超過六秒沒有被劫走，接下來就不會進入到反應裡。

再提一本《快思慢想》，講到人類大腦分成兩種運作思維模式，系統一，像是打雷的時候，你會不由自主轉頭過去，你沒有辦法控制，就是本能的直覺反應。

系統二，屬於分析思考模式。例如我先告訴你：$3 \times 2 \div 5$，你無法單靠直覺得出答案時，就會進到思考模式裡。當然如果你珠心算很厲害，那可能是可以。

所以當你能一直用系統二的大腦時，就能控制自己，不容易做出衝動的決定。如果你透過正念冥想的時間夠長，甚至能達成在平靜中，面對所有的現況。

玄學角度：萬事萬物都跟你有關

　　大家可以先理解認識一下心智模組。這與一本《令人神往的靜坐開悟》（*Why Buddhism is True*）的書有關，作者就是運用心智模組來論述及詮釋無我思想。其中一篇，談到佛陀和一個人正在對談，佛陀就問這個人說：

　　「你覺得你可以控制你自己嗎？」

　　這個人便回答：「當然可以啊，我可以控制我自己。你看這是我的手，你看這是我的腳，我可以控制自己對吧！」

　　佛陀反問他：「你可以控制自己，那你可以不要餓嗎？可以不渴嗎？」

　　這個人想了想後說：「這個好像不太可行。」

　　這裡大家應該能清楚理解到，你跟你身體其實是兩件事情。你並沒有辦法真正的控制你自己，對吧。當這個人第一次進行禪修的時候，他去看著他不舒服的地方，例如說，他長久以來有個頭痛的問題，當他看著這個痛處的時候，其實痛的是他的身體，不是他的意識，如果可以控制自己，那在頭痛的當下，應該可以做到讓自己不要痛，但實際上我們都知道這是沒辦法做到的，甚至當你的疼痛無法停止的時候，你越想它停止就越難停。

　　如果你換成靜靜看著它的時候，你就能產生一種分離狀態，你會發現痛的是它，你是你，它是它。你能看著它，代表

你不在裡面了，你可以產生剝離，這時候你才開始體會，你自己的存在是你自己，而不是疼痛這個東西。

當你聞到草地的味道，當你聽到旁邊的蟲鳴鳥叫，其實這些都和疼痛是一樣，它們都不是你。我們可以認知這件衣服是我們的，為什麼？衣服沒有寫我們的名字嘛，可是它破掉了你會感到難過，這是因為你本質上把它認知為你的一部分。你的家人過世，雖然不是你自己，但你會感到痛苦，就是同樣道理。不論是你的疼痛，你的衣服，你的家人，這些事情從你的意識來看，都是你之外的東西，如果你之外的東西和你是同一個主體，都跟你有關，那眾生萬物都會跟你有關，這就是為什麼說人要有慈悲心。

因為這個世界都是你，所有的事情都是跟你的疼痛同樣，屬於你的一部分，你在傷害這些動物或傷害其他人的時候，其實就在傷害你自己。

如果在禪修的過程，你有這樣認知，就能夠開啟全新對自我的體悟：萬事萬物都跟你有關。

道教中有個邏輯是，當你開始打坐，神遊物外的時候，就會發現你的肉體是一個限制，但你的意識是自由的，可以去任何地方。為什麼肉體是限制，比方說，你感覺到自己的飢餓，從生物學角度來說，要維持我們的運轉，只需要某種程度的營養就好，你的飢餓不需要吃太多碳水化合物，或是吃得太胖，還得要減肥。

記得莊周夢蝶討論到，究竟是蝴蝶做夢成為了莊子，還是莊子做夢成為了蝴蝶？同樣道理，到底這個肉身是你，還是這個意識才是你？是意識在做夢，那夢境是真的，還是夢是假的。

這些現在你看起來覺得很哲學性的思考問題，其實是無我認知的重新建構，會帶給你全新的思維層面的理解。這也是宗教層面說做禪修為什麼能成佛成仙，所謂成佛成仙就是不再受外物的影響，今天外物發生的任何事情，以佛家角度來說，是一切唯心造，是你的認知決定這件事。當你認知這是你的，它就是你的，但事實上沒有你我的分別。原因是在你意識層面，它們都是一樣的。

若回到道教層面講：清靜無為順應天道而行，當你今天用意識層面去看這些事情的時候，所有事情都是對比的。你覺得這個美，是因為你看過一個醜的；你覺得這個人好，是因為你看過壞的；你覺得這個高，是因為看那個是低的。而事實上在你意識層面根本沒有高低之分，如果你能到這個程度的時候，就達到真正的所謂「無」的階段。

這些都是在宗教層面中，根據你今天做禪修或是冥想時，能達到的一些效果做討論。

冥想與修仙

很多人會好奇我平常是不是有在打坐或冥想，我其實都不太會，大家一定會更好奇所謂的修仙到底是什麼。

我認為，修仙有兩個主要關鍵：第一，要透過冥想去改造你的大腦。第二，透過無我的認知，開始發現到底什麼情況下才是真實的。

很多人都執著於情態或儀式，就像他們會覺得打坐冥想時，一定要盤腿，若是不能雙盤，就會擔心是不是沒有辦法成佛。事實上，雙盤不是關鍵，關鍵是你能不能靜。張至順道長，曾說過一句話：「如果盤著就能成仙，他早就把雙腿給捆起來了。」

道教的《清靜經》裡講到：「人能常清靜，天地悉皆歸」。當你達到清靜的那一刻，你就是在修煉。所以你不管是行住坐臥之間，都可以要靜，靜也是前面提到「無我」的展現。

「色即是空，空即是色」是《心經》最廣為人知的名句，但大家常常誤會其中的空字，空是 Empty，指的是無限的可能性，不是 Nothing，不是什麼都沒有。因為「沒有」的狀態，也是透過跟「有」所對比出來的，但是空呢，代表是無限的可能，是你意識的投射。簡單來說色即是空，正是因為它有無限的樣式，由你去定義它。而空即是色，就是在這無限的可能裡面，被你定義出一個樣子。

就像當我們看到蘋果，是我們對蘋果既有認知的樣子，認為這是蘋果。萬一有天我們的視網膜，重新建構其他樣子，有沒有可能我們看蘋果變成是五顏六色的，有沒有可能當我別過頭沒有看到蘋果的時候，蘋果是無限種可能形狀。

　　大家可能聽過一個知名的量子力學理論叫「薛丁格的貓」，大意是在說有隻貓在盒子裡面，當我們放完毒氣，在還沒有打開它的狀態下，裡面的貓會是既生且死的狀態。因為我沒有打開來觀測，就不會知道貓在裡面是活的還是死的。既生且死就是形容，牠可能是活的，也可能是死的。

　　當你達到靜的狀態時，你會認為這世界無限的可能，都是你觀測的結果，到達這樣的狀態時，你看所有事情的角度就會比較平靜，你可以根據每件事情去找到一個最好對應的方式，這時候你就可以用另一種視角看著你自己的疲倦，看著你的加班，看著你跟父母的爭吵，看著你的貧困，看著你的飢餓，看著你的慾望。

　　其實你在面對任何事情時仍跟一般人沒有兩樣，只是到達這般平靜之後，你不再會輕易被杏仁核劫持，這時候你就能達成真正的自在與自由，這種自由自在是心靈、靈魂的自由。你可能也還是會生氣，可是在餓跟生氣的時候，你都可以告訴自己，是我的肉體在餓，是我的肉體在生氣，但內在的自己並沒有生氣，這樣就代表你達到新的狀態，也是修仙的第一步。

　　只有當你體悟到足夠靜的時候，才能感受你身體每一個環

節的不同，感受到之後，就會比較接近我所認為的「氣功」，也就是感應氣的存在及其流動。當你禪修到這樣程度時，就會像佛教裡面講到的，你會有「神通」。所謂神通，是指你會開始產生一些一般人類沒有的超能力，原因是當你能獲得足夠的靜，你就能重塑你的大腦肉體的狀態，像是常聽到的：輕功水上飄、氣功、符咒的修煉等等。

張開眼睛，注視眼前的景象

這些是我自己所認知體悟到靜的關鍵。但該怎樣可以達到在行住坐臥間，都可以說靜就靜呢？我的方式是，你先看著自己當下浮現的念頭，然後專注呼吸起伏。有非常多人進行冥想時，是閉著眼睛進行的。閉著眼睛沒有不好，只是你在塑造一個安靜的空間給自己，我們會認為這只是第一步。

你可能會想說，睜開眼睛會受到旁邊影響啊，不知道要不要看。其實生活中的行住坐臥間的場景，都不太可能是安靜，我會建議你試著用失焦的方式，張開眼睛注視眼前的景象。因為失焦的狀態，讓你可以很廣角地看到周遭事物，但因為沒有特定專注於一點，屬於既看又沒有在看的狀態。

就像有時我們專注在看影片時，就算旁邊有人講話，可能也聽不太進去他說了什麼，對吧。那是因為你的注意力擺在眼前的影片中。同樣的方法，你也可以試著不要聽，將注意力放

在自己的耳朵，就聽著自己耳朵。你可能會發現可以聽到很多前所未有的細小聲音。當你呼吸的時候，也是一樣，專注於自己的呼吸：一吸一呼，一吸一呼。關注在你自己的呼吸上，感受你所吸進的空氣以及自己吐出的空氣，一吸一呼，一吸一呼。

當你可以只看自己的眼睛，聽自己的耳朵，呼吸自己的鼻子，你便會很快地靜下來，然後你會覺得很有趣，因為你能在這個世界中，建立起一個降噪的環境，彷彿你自己在裡面，其他東西在外面。這個時候你就達到靜了。

若你能無時無刻，行住坐臥都這樣的時候，就會開始有平靜的效果。即便有個人在跟你講話，你一樣聽得到他講話，可是你並不專注於聽他所講的話，你可以用很平靜的情緒理解他。你可以應用在各種生活場景中，例如吃飯的時候，跟同事討論事情的時候，做事情的時候，聽東西的時候或是看東西的時候；可以從中發現你竟然能得到前所未有的平靜。

反覆練習，建立自己的空間

而透過反覆不斷的鍛鍊，有一天這會成為一種習慣。這習慣讓你無時無刻，在任何的地方都可以平靜。可能再也不會感覺到很無聊，因為你隨時都可以建立自己的空間，找到一個地方平靜下來，觀察這世界，活在當下。

如果你很憂鬱，代表你活在過去。如果你很焦慮，代表你

活在未來。如果感到很平靜，代表你活在當下。因為你關注於當下，你沒有未來焦慮的事情，也沒有過去的憂鬱，並且從現在這一刻，達到寧靜。

這些也是我最常講的修仙第一步驟，不過當你真正要進入到冥想修煉的時候，回到這篇開始所說的，我會建議你要找一個老師來練習。

因為有的人在修煉的過程中胡思亂想，或是說他修煉一些特殊狀態的時候，很容易走火入魔。如果能找到冥想的教練或禪修的教練，透過他們引導做正向的訓練，你一定能夠達到更好的效果哦！

簡老師想跟你說

◆ 學習正念冥想有助你釋放壓力，獲得平靜與心靈健康。

◆ 正念冥想有各種稱呼和執行姿勢，選擇自己舒服自在的就好。

◆ 可以從一分鐘開始進行冥想練習。

◆ 無我練習讓自己不要輕易被杏仁核劫持。

◆ 當你感受到平靜時，就能自在地活在當下。

19 避開地雷！不要不信邪：揪出藏在你日常中的禁忌行為

你都多久翻一次農民曆呢？大多數人翻查農民曆的習慣，主要是為了挑選好日子，其實上面記載的每日天干，好好運用得當，可以讓你及早趨吉避凶。本篇就來分享農民曆與天干日的應用方式。

善用農民曆替自己趨吉避凶

前陣子我認識一位新朋友，詢問後得知他是 1988 年出生的，於是我就提醒他：「每逢戊日時，出外交通要盡量避開騎車及開車。」我是怎麼知道的呢？因為 1988 年為戊辰年，戊會讓天機化忌，天機星又代表著交通，所以戊年出生的他在戊日時，會受到這兩者加乘的效果影響，才提醒他避開會比較好。而這位朋友聽完就反問：「簡老師，你自己會這樣做嗎？」

會喔。我出生年的天干是丁，因此每逢丁日我就會將工作排開，絕不工作。原因是那天不太適合跟別人講話，如果我跟人家說話，就容易發生衝突或是產生誤會，更甚者自己也會有喉嚨不舒服的情形發生。因此我在丁日是不工作的。

丁會讓巨門星化忌，而巨門星代表溝通與說話，所以巨門星一旦化忌的時候，就代表溝通跟說話要出問題了。我的做法是會在日曆上把丁日都標註起來，這樣可以提早避開那天被排定工作，能不說話就不說話。即便我這麼小心提醒自己不要說話，不代表溝通就不會出問題喔。

某次遇到丁日時，我把自己關在房間裡，並提醒我老婆跟小孩說：

「今天是丁日，不要跟我說話，如果跟我講話很容易會吵架。」

結果那天，我老婆說，她不知道為什麼莫名其妙地就是想罵我。好不容易熬到晚上 11 點多左右，當我心想太好了，今天平安無事的瞬間，她忽然打開了門，開始說她最近工作壓力很大，哭訴了一個晚上。雖然我們沒有真的吵架，但在最後還是有一段溝通不良的狀態出現，好在我因為知道是丁日的關係，沒有多做回應，要是我拿生活中的瑣事跟她討論，她可能會連帶工作的壓力一起爆炸。這也是為什麼每逢丁日，我都會特別小心。

你會受到哪個天干所影響？

但不是每個人都會在丁日發生這樣狀況，也不是每個人都需要避開丁日，該怎麼知道你會受到哪個天干所影響？又是哪方面會造成問題？以及，該避開哪一天？現在就來教大家怎麼看。

首先，在紫微斗數裡，每一個天干都會造成四顆星有變化，有長期收看簡老師的農曆運勢的人可能會比較了解，例如我們剛剛講到，丁是陰同機巨這四顆星星，也就是太陰星、天同星、天機星、巨門星，其中當然有好有壞，不過通常壞的感受都是比較強烈的，所以我們會聚焦在不好的部分，並且盡量避免它發生。

那天干要怎麼找，很簡單！大家都知道自己生肖屬什麼，所以地支你知道了，那前面對應的天干就是你要避開的天干日。你也可以找到你出生那一年的農曆年，例如今年是癸卯年，那今年出生的人，天干就是對應到癸，而癸所對應到的禁忌，就會是你一生中容易發生的狀態。

◆ 天干為甲，對應的四顆星為：廉破武陽

廉破武陽的陽為太陽，也就是太陽星化忌。甲年出生的人，一般來說跟男生特別容易不對盤，因為太陽星代表的是男生。而另外也與視力有關，所以在視力、眼睛上都要比較注

意。還有太陽也代表外國人，也可以特別留意。

　　如果你發現你自己是甲年生的人，就會建議你，每到甲日的時候盡量不要和男性約在這天。例如，工作上要談合作的對象是男生，那就建議不要由你跟他談合作，再多帶一個人去。另外，男性長輩和父親也符合這個條件，所以在甲日要跟你的父親一起吃飯，想說好久沒聚，也是得盡量避開，千萬不要約在這天。因為你們本來可能不會吵架的，那天不但容易吵架，還有可能因為某些事情會導致你焦慮。

　　太陽星化忌在工作上可能會是一些鳥事，但在家人身上反而會變成你要對他擔憂，因此甲年出生的你，盡量避開甲日那天和男性有更多的互動，還有注意眼睛視力的保健。

◆ 天干為乙，對應的四顆星為：機梁紫陰

　　乙是太陰星化忌，所以和甲年相反，乙年出生的人在乙日的時候，千萬不要跟女生往來。和甲日相同的邏輯，如果你要找的客戶是女的，盡量改期或找多一個人去；本來要與你的母親見面也盡量改日子。因為太陰星化忌影響，即使你以為那天和母親見面是很溫馨的，最後有可能莫名其妙就吵起來了。

　　再來，太陰星也有幾個延伸的意涵。像是太陰星屬水，和水有關的事情請盡量避開，太陰星也代表土地，所以跟土地有關的交易或是討論也不要選在這天交易。另外太陰星還有晚上的意思，因此乙日的晚上不要出門會比較好一點喔。

◆ 天干為丙，對應的四顆星為：同機昌廉

丙遇到廉貞星化忌，其中廉貞星是一顆在化忌的時候相對較恐怖一點的星星。廉貞星與法律或血緣等比較有關，例如說你被告，或者你有合約的問題，都是屬於訴訟類型，都是與廉貞星有關聯的事件。同時間廉貞星也代表血，一般來說血液方面的疾病，或是腫瘤方面的疾病都和廉貞星是比較有關係的。所以丙年出生的人，這一生都盡量要守規則、守法比較安全。有時候可能不是你犯法，只是你踏到一點點灰色地帶，都很容易被人家找麻煩，最後甚至會走到對簿公堂。

另外一個節點是，廉貞星和血親之間容易有糾纏不清的問題。不管是你的三叔父、表哥，還是自己的另外一半，不分遠近都是有很強大的關聯性。有些人生活可能很獨立，但走到丙日就是會跟親戚莫名其妙的糾葛在一起。

所以每到丙日，你們一定要細心檢查今天簽的合約，如果可以，這天最好就是避開任何要簽約和法律有關的事務或決定，不然很有可能做了之後換你吃官司。再來就是這一天盡量不要跟親戚往來，凡是有血緣關係的人，都不要跟他們有太多的互動。要注意的是，這個血緣關係，不只是你自己的血緣，例如你老闆的兒子，也算是有血緣關係、裙帶關係，都要離他們遠一點，比較不容易出事。最後是丙的這一天，如果出現身體上有不舒服的地方，例如說有的人是乳房有硬塊，建議都不要小看它，盡快去看醫生。舉凡和血液有關，甚至是腫瘤有關

的，在這一天都很容易發生問題。

◈ 天干為丁，對應的四顆星為：陰同機巨

再來要講的就是跟老師我一樣的丁，對應到陰同機巨。剛剛講過巨門化忌，代表嘴巴容易出問題，所以切記能不說話就不說話。另外巨門其實也代表耳鼻喉，所以這一天最好就是不要說話，不要聽別人的話，因為你聽的時候可能也會聽錯，造成誤會。如果你鼻子不舒服盡快要去看醫生，在這天只要跟耳鼻喉有關的，都容易小事變大事，所以盡量不要跟別人有太多的溝通互動，萬不得已情況下，我會建議大家可以寫信，不然就是說外語。像是英文、日文、韓文，為什麼呢？因為你在說不是母語的外國語言時候，就會講得不太輪轉順暢，其實也符合嘴巴壞掉的意思，這樣溝通不良的情況就變成了另外一種狀態呈現，這樣也是可以避免跟別人吵架吵起來。

◈ 天干為戊，對應的四顆星為：貪陰右機

戊年出生的人，特別要注意容易有失眠的問題。因為戊對應到貪陰右機，其中是天機星化忌，天機星代表容易想東想西，想很多容易有問題，就會與失眠有相似的狀況。

如果遇到戊日，盡量趕在 12 點前，也就是還在前一天沒有跨日的時候早點睡。因為你不熬夜就會比較好，早點睡是為了避免一過 12 點轉換到戊日就變成失眠，容易睡不著。

再來天機星也代表移動和交通，所以交通容易出問題。通常最典型的是，流年天機星坐命宮化忌，或是遷移宮化忌的時候，大多都和車禍有很大的關聯。因此我會建議遇到戊日的時候，出外盡量能坐大眾交通工具就不要自己開車，騎摩托車甚至是騎腳踏車，可以的話也盡量避免。

◆ 天干為己，對應的四顆星為：武貪梁曲

己會讓文曲星化忌，所謂文曲星，通常代表的是與藝術有關，或是溝通口才有關，文曲星如果化忌，就會代表容易產生誤會、被騙。

比較有趣的是，文曲星還代表著技術出錯，以及相思病。所以在己日時，盡量不要跟大家做出任何的承諾，因為在這天做任何承諾都很容易被人放鴿子，或是對方說話不算話。如果在己日有任何人提醒你要注意什麼事情要截止啦、錢要沒有啦等等的，都要留意他可能在騙你，或是這是一場騙局喔。

再來就是表演。如果你有從事說話有關的表演，例如脫口秀，千萬不要挑在己日，演唱會一樣請避開己日。因為己日會導致你在表演的時候出錯，不然就是說錯話、辭不達意，再不然就是現場硬體設備壞掉，麥克風沒聲音，燈光出錯等等，這些都和文曲星有關聯，所以避開才會比較好。

最後，如果你跟另一半是遠距離，己日的時候就忍耐一下不要聊天啦！因為文曲星化忌會加劇相思病的狀況，你們越聊

只會越想對方喔。

◈ 天干為庚，對應的四顆星為：陽武陰同

庚年比較多爭議，每個流派都不一樣。簡老師我比較常用的是天同星化忌。

天同星化忌代表福氣沒了，因為天同星代表爽、福氣，也代表小孩；所以在庚的這天盡量不要跟年紀差太多的人合作或相處，或是更直接的那天不要跟小孩有太多的互動，不然你很容易看對方不順眼，覺得很嘔氣。那如果是自己有小孩怎麼辦呢？如果年紀還太小的時候，就要好好的照顧，有可能這天你看他會特別煩心。長大一點就要特別看好他，如果你小孩在這天要去玩一些比較危險的，盡量改天，避開庚日比較好。

再來天同星化忌，代表這天會有慣性焦慮。改善方法會建議大家在這天靜坐靜心。因為人一焦慮容易做出一些腦殘的決定，導致後面還得自己收拾善後，不如讓自己靜下來，不要被焦慮衝動給誤事。

最後就是自己也不要去玩危險的項目。你想想看，庚年出生的你遇上天同化忌，福星結構已經比別人差一點，還挑在福星最弱的庚日去玩一些危險的設施，或是危險運動，很容易讓小事釀成大事。

◆ 天干為辛，對應的四顆星為：巨陽曲昌

辛年出生的人，遇到文昌星化忌，文昌星比較好聯想，代表的是你容易在文字上出錯，文字範圍比較廣，所以可能合約上也會有問題，同時這天非常不利於考試。

因為合約文字容易有問題，可以的話千萬不能在辛日簽合約，也不要寄 email；因為 email 也算文字表達的一種。再來，對於文字也要仔細看，仔細檢查。文昌星化忌，很多時候會遇到的事件是文字型的詐騙，所以看合約，甚至是網站上的字都要格外小心，很有可能就遇到釣魚網站的詐騙。

最後是大家都知道文昌星與考試有很深的連結，加上文字容易出錯，當天千萬不要參加任何需要書寫文字的考試，如果是口試就沒有問題。要你書寫東西的，盡量能改天就改天。

◆ 天干為壬，對應的四顆星為：梁紫輔武

武曲星代表錢財，當武曲星化忌就是直接告訴你，這一天容易亂花錢。

為了避免亂花錢，可以把錢包鎖在箱子裡，說什麼都不要輕易拿出來，最好信用卡也收起來，通通不要拿出來，身上沒有錢就能有效避開亂花錢的可能機會。另外，武曲星也代表金屬，代表刀子這類鋼鐵的物品。所以在這天也建議你遠離金屬，不然容易因為金屬而出問題，例如去健身，結果器材壞了，或者在家煮菜，切東西就削到手了，這些都是在壬日有可

能發生的情形。所以武曲星化忌的時候，請特別注意鋼硬金屬的東西。

◆ 天干為癸，對應的四顆星為：破巨陰貪

最後一個癸呢，對應到破巨陰貪，其中貪狼化忌，代表爛桃花、慾望無法滿足。所以容易發生的狀況是，遇到異性時，做出一些錯誤的判斷，或是異性讓你痛苦和壓抑。

簡單來說，就是這一天遇到異性都會出狀況，最好避開所有的異性。避開的意思不只是不要跟他們約會，是連聊天最好都不要。工作上的合作夥伴是異性，沒有曖昧情愫的可以嗎？最好都不要。如果你是已婚人士，你的另一半老公老婆，也算嗎？通通都算，只要是異性都會給你影響，讓你痛苦。還有一點是認知裡算是異性的，也包含在內喔。假設你是同志，你的朋友也是，這樣他就算是認知中的異性，必須避開。

貪狼星另一個特點是慾望無法滿足，因此在壬日會受到慾望驅使做出一些行為，但因為無法被滿足，所以整件事都是白做。假使你只是單純想發洩，也會因為白白發洩，對情緒影響更大，甚至你會因為一時的發洩，而懊悔不及，這也是貪狼化忌的一種表現。

以上這些天干日可以避免地雷的方式，以及每個人天干日的應用，就分享給大家參考。實際上我有很多在巨門星化忌的日子，因為說錯話而被攻擊的案例，也有癸年生的朋友，在癸

日遇到的爛桃花都特別爛。

希望大家能透過這些紫微斗數的小應用，並分享給周遭親朋好友，祝福大家都能夠平平安安，開開心心。

天干日年分對照表

西元 1959 己亥	西元 1960 庚子	西元 1961 辛丑	西元 1962 壬寅	西元 1963 癸卯
西元 1964 甲辰	西元 1965 乙巳	西元 1966 丙午	西元 1967 丁未	西元 1968 戊申
西元 1969 己酉	西元 1970 庚戌	西元 1971 辛亥	西元 1972 壬子	西元 1973 癸丑
西元 1974 甲寅	西元 1975 乙卯	西元 1976 丙辰	西元 1977 丁巳	西元 1978 戊午
西元 1979 己未	西元 1980 庚申	西元 1981 辛酉	西元 1982 壬戌	西元 1983 癸亥
西元 1984 甲子	西元 1985 乙丑	西元 1986 丙寅	西元 1987 丁卯	西元 1988 戊辰
西元 1989 己巳	西元 1990 庚午	西元 1991 辛未	西元 1992 壬申	西元 1993 癸酉

簡老師想跟你說

◆ 運用農民曆找到自己的天干日。

◆ 找到對應的日子並標註起來，避開日常地雷。

◆ 天干對應的四顆星有壞的影響當然也有好的。

◆ 天干提醒應用得好就能創造好運。

20 農曆七月必做這件事！想要未來順遂，一定要祭拜祖先

農曆七月是大家俗稱的鬼月，傳統習俗上都知道諸事不宜，每個人都會格外小心，怕不小心觸碰到禁忌而招致危險。很多人都會好奇農曆七月的禁忌、避凶的方法，卻很少人會問在農曆七月，要怎麼拜祖先。其實在農曆七月時，祭祖也是相當重要的事。

不管你習慣說拜祖先還是拜公媽，祭拜祖先的行為表示過世的祖先仍然活在我們的心中，並且他的靈體成為我們崇拜的一個象徵。正因如此，我們在祭拜祖先時，就該懷抱事死如事生的態度。意思就是對待過世的親人祖先，仍然像他在世時恭敬，同時也是孝道的展現。有一派也認為說，如果祖先靈魂的狀況不好時，對於子孫會產生一些負面的影響，因此祭拜祖先有功德迴向的效果，如果供奉不周全，很有可能子孫會遭受祖先的教訓，進而產生影響。

脖子無法轉向的女孩

　　我的一位客人，她在某天早上醒來忽然發現自己脖子完全動不了，只能一直看向左側，除非非常用力才能稍稍轉回正面，大家可以想想看，如果脖子不能動會是多可怕的一件事。她雖然立刻去看很多醫生，卻始終找不出原因，後來她就找上我，想請我幫她看看到底怎麼了。

　　攤開她的命盤，我一看就看到她的疾厄宮非常明顯出了問題。通常我們在看紫微斗數的時候，都會從疾厄宮去看一個人的身體疾病。例如，你的疾厄宮有太陽，就很容易有心臟方面的毛病；如果是貪狼，那一般來說就容易有桃花產生的問題，或是跟生殖器官有關的毛病。

　　所以在看流年運勢的時候，我們習慣會從疾厄宮去判斷他今年可能出現的狀況，或是在健康上有沒有需要留意的地方。而她的疾厄宮顯現出她現在是超級旺的狀況，也就是信心特別多，能量特別強。聽起來很正面對吧？但是以紫微斗數來講，這樣也代表疾病很多，或是會忽然爆發的可能。她說她看了很多醫生都找不出問題，於是我想起有個醫生可以邊看診，邊透過生辰八字結合中醫技術來做治療，她就立刻去找了那個醫生。這醫生把脈及看了她的八字就說：「你這是非常、非常稀有的斜頸症。」

　　好不容易找到原因，她就用「斜頸症」的病症去看西醫，

經過醫生看診也印證這個中醫說的症狀無誤，就接著展開治療。

隔了一陣子，她又再次跟我約算命的時間。我們約在一間咖啡廳，她走進來，你可以看到一位 20 多歲的女生，身材高䠷、長髮飄逸、相當清秀，但她的脖子就是沒有辦法正正直直的往前，形成很大的反差，坐下來也必須很費力才能看著我講話。她雖然得了罕見的斜頸症，可是感覺得到她很堅強又正向，相信有機會找到治好的方法，也希望我幫她看一下有沒有更快治好的可能。

她說自己之前去了一個非常有名的宮廟，這間宮廟是間大廟，裡面有扶鸞（神明會附身於鸞生，並透過鸞生傳遞想法），於是她就問神明，神明回：「你的這個病，要一甲子之後才會好。」聽完她嚇死了，所以趕緊跟我約算命，就想問我是不是要等六十年後才會好？沒有更快的方式嗎。而我從紫微斗數來看，確實這個疾厄宮會一路延續到她 80 幾歲。

這邊先說，我是怎麼從疾厄宮可以看出來她的問題會一直連續到 80 多歲。紫微斗數裡面有位紫雲老師，他用一個方法叫「緣起緣滅」。我就是透過這個方法去看藏在她疾厄宮裡的連續性。她在每十年裡，都有產生一些問題，透過這些問題疊加算出來，要等到她 80 多歲才有機會從疾厄宮的困境中逃脫出來。

我看她的福德宮裡有一些異常，福德宮也和自己的祖父母

有關聯，加上她的問題可能會和這個影響有關，我便建議她跟祖先有關的，不如試著去城隍廟問問看原因，請她去城隍廟問問看，是不是祖父母怎麼了。

她到城隍廟向城隍爺問事時，城隍爺相當生氣：「怎麼年紀輕輕的一個女生，脖子突然就轉不回來？」加上她還找了一位仙姑幫她看，造成她脖子轉不回來的原因，是因為有一隻手正揪著她的脖子，並用刮痧方式真的刮出一個手印在脖子上，看到這就知道這個冤親債主非常兇惡，一定要透過城隍爺來做主，甚至還得往下找十殿閻羅也來看看。沒想到一看不得了，得先找出為什麼冤親債主這麼兇惡的原因，應該是她爺爺有些什麼事情。為了得知緣由，她就跑了趟戶政事務所將她爺爺的出生時間調出來，想藉由生辰八字來算看看。沒想到不調不知道，一調嚇一跳，她爺爺的農曆生日，跟她竟然是同一天。

到這邊，我解開了一個超大的疑惑。因為她其實還有一位弟弟，由於這客人是女生，一般來說家族祖先有問題，會先找上長子這個位置的人。我想不透為什麼會找她，現在就知道，原因出在她跟她爺爺是農曆同一天生，所以她爺爺有什麼遺憾，自然就移轉到她身上，包括脖子轉不回來的症狀，也是因為這原因跟著她、影響她。後來在十殿閻羅跟城隍爺的協助底下，讓她脖子的問題慢慢透過治療好起來，現在也能夠正常轉向了。

想要好的未來，先顧好過去

　　這位客人非常特別，他臉上的痣特別多，他也說容易在一些特定年份受到很多阻礙，可是他又特別富有正能量，對於世界產生一種強烈奉獻與使命感，希望自己能夠幫助這個世界，導致他奉獻自己、犧牲自己，把自己過得很累很累。我看了一下他命盤發現，他這些現象跟行為，很高的機率是與他的奶奶有關。因為在他的福德宮有一顆太陰星加上化忌，容易受到女性祖先影響，即使不是他的奶奶，也會是他媽媽那邊的親戚。我建議他可以回去詢問一下家人，當初他的奶奶是以什麼樣的狀態離開。

　　順便可以跟大家說，通常年輕人去問長輩祖先的事，家人多半是回答你沒什麼事、哪有什麼事，不太把你的疑問放心上，最好方法就是帶著家人一起去城隍廟擲筊問事。於是他和他的父親就一起去城隍廟，跟城隍爺問事順便擲筊，果不其然，城隍爺就告訴他們，奶奶祖墳裡的骨灰是有些問題的。這樣一問，他們就更好奇了，怎麼會祖墳裡的骨灰會有問題？畢竟時間也很久遠了，而且當初葬得很好，從來沒聽說過有什麼事情。半信半疑地到了之後，打開棺木，正要把骨灰罈打開來檢查時，就發現棺木外都很正常，但是一打開才發現裡面沒有骨灰，只有一尊觀音像。

　　哇，他們看到這一幕相當震撼。奶奶的骨灰怎麼會不知去

向，就這樣失蹤了，也沒有人知道這個骨灰到底去哪。然後他父親沒多說什麼，默默弄一弄後，再次回到城隍廟，希望可以做一個法會來解決。

後來他輾轉透過親戚知道一些原因，主要是那年代長輩間的糾葛有關，不方便讓晚輩知道，所以他也沒再跟我述說後續。不過透過這兩個故事，可以讓大家更明確知道，當你看起來有些問題的時候，很可能是你的祖先也出問題，透過這樣的方式，讓你可以注意到，可能是有什麼遺憾，或是當初葬的方式不對，甚至有的人是有雙姓祖先，可是他每次都只拜了一個姓，沒有拜另外一個，這些都會對自己有影響的。所以再次提醒大家，在鬼月的時候，除了要祭拜好兄弟，也不要忘了一起超渡自己的祖先，這樣才能做功德給他們，有福報，你的生活也會更順遂。

那為什麼拜祖先會對運勢有效？大家可以想像一下我們童年共同的回憶哆啦 A 夢（小叮噹）。哆啦 A 夢有個橋段就是大雄的後代帶著哆啦 A 夢來幫助自己的祖先，希望可以改變祖先，就能讓未來的自己跟著變好。同樣道理，我們在做拜拜跟超渡這兩件事時，就是幫助祖先，並且希望藉由這個方式改變我們的過去，影響我們的未來。

那為什麼要在中元節拜祖先，而且我還要再三強調重要性呢？原因是除了清明節以外，中元節更像是大型的亡魂超渡法會，這時候的法會規模多且大，也代表能量比較強，所以這時

候超渡祖先效果一定也比較強烈。那法會供品大家也可以謹慎地挑選一下，畢竟要改變未來前，要先將過去照顧好。

最後如果你的家中有牌位，也是可以一起拜的喔，多拜不怪，越拜越旺。

簡老師想跟你說

◆ 現代人都忽略農曆七月拜祖先的重要性。
◆ 如果最近不順遂可以關心祖先有沒有問題。
◆ 記得超渡祖先才能做功德給他們。
◆ 想要未來好，就從顧好過去開始吧。

21 為什麼要唸《清靜經》? 《清靜經》的靈驗故事

　　前面談到的內容,主要是想傳達行善積德的重要,相信大家看到這裡對於修身行善的意義,又更了解了一些。這篇我會跟大家分享我很常唸的一部經典《清靜經》。

　　如果對佛教小有了解的人,會知道佛教比較常唸的是《心經》。相信很多人都對《心經》耳熟能詳,甚至有些人的家中會有《心經》的經典。我比較信的是北方道教,所以很重視的經典是《清靜經》。的確有人說,《清靜經》就像是道教的《心經》,本質上來說,唸完之後的狀態就是能夠讓自己清靜。同時這也是修仙上核心價值的一本經典。因此我們就會常常誦讀它,不管是早課,或者有空的時候,都就會來唸《清靜經》。本書最後會附上《清靜經》,讓大家可以跟著讀看看,這裡要聊聊唸《清靜經》到底能產生什麼樣的效果,以及又有什麼樣靈驗的故事。

誦經解冤：宋知玄的故事

《清靜經》一些靈驗的故事，基本是來自於《正統道藏》裡面的《太上老君說常清靜經》，也就是後來我們說的《清靜經》。有一個人叫宋知玄，他到了一個地方，人們都告訴他這地方不能住人的，常有鬼怪來作祟，住在這裡的人有十之六七都死掉了。而知玄向來是信奉道教，心性端正，尤其他年輕時就喜歡持誦《太上老君說常清靜經》，他既能夠理解裡面的內容，又實際身體力行，所以他不相信妖怪會對他產生什麼樣的問題。

他就對這些人說：「如果我住在這裡，我不相信有什麼妖怪能夠侵犯我。」他說完之後，還寫下一首呂洞賓的詩給大家，因為《清靜經》其實跟呂洞賓煉丹是有一些關聯性的。等到晚上的時候，他便正襟危坐，行功運氣，紅光滿室，然後默默地誦著《清靜經》。

二更時分，忽然看見一個婦人，這婦人披頭散髮滿臉血污的走進來，就站在知玄前面。

宋知玄就問說：「你是什麼人？」

婦人說：「哎呀，我是前來鳴冤的鬼魂」，婦人拜倒地上哭泣說著，「這真是我的福分，今日遇到有道之士能夠來聽我敘述冤情啊。」

這個知玄想說，到底是什麼冤情呢，婦人便開始說在十幾

年前，她是一位劉司士的妻子，她的丈夫奉命出使外國都沒有回來，後來丈夫的弟弟竟然逼她與他私通，因為她寧死不從，最後就被殺掉，而屍首就拋屍在這廳堂西北角的茅廁之中，非常污穢。爾後，每當有人住在這，這位婦人都想告訴他們她的冤屈，請人替她申冤作主，可是那些人身上都沒有道器，一見到她的形象直接遭受驚嚇而死。「但是您因為有誦《清靜經》，功德非常之大，希望您施予仁慈，為我申冤。」婦人說道。

知玄聽完就說：「我是剛到此地的官員，上任還不滿三天，但我一定會想辦法救你的，你先回去吧！」

說完這位婦人就消失了，三天之後知玄就命人在這西北角的茅廁挖了好幾尺，可是始終沒有看到對應婦人所說的屍首。於是當天晚上知玄再度地焚香誦《清靜經》，不到二更這婦人的鬼魂又出現了。

知玄問：「我明明就按照你說的派人挖了，怎麼一直挖不到呢？」婦人聽完說，只要再向北挖掘不到二尺，就能挖到她的屍首了。果不其然，隔天在那個地方挖到婦人的屍首。知玄就為她誦經超渡，還拿了一件乾淨的衣物包裹這個屍體，並選了個地方將她安葬。

在當天晚上這個婦人又再次出現，不過這次整個人乾乾淨淨，身上的髒污血污都沒有了，在燈下拜謝知玄。知玄便問：「既然你是被人殺害，為什麼不尋仇，而要在這裡？」

婦人就回道：「殺我的人在江州做司祿，他自小就誦《清靜經》，我在陰司上訴了很多年，但是終究不予受理。」

知玄才了解，原來是因為有誦經，可是這個人實在太惡劣了。知玄就提議要去跟兇手講，並要他幫婦人做齋及法會，問婦人：「這樣超渡你讓你升天是否能解決你的冤情？」

婦人聽了就說：「太感謝您了。」說完便消失不見。

知玄就向上級請了假，準備好錢糧，策馬趕往江州，見到這位劉司祿就娓娓道出詳細的前因後果，並接著責罵他：「聽說你有在持誦《清靜經》，這明明是有道心的表現，怎麼能做出這樣惡劣的事情？難道沒有聽說過『明有官法除之，暗有鬼神誅之』的道理嗎？你若還不改過，這個冤業是永遠免不了的，知道嗎？」知玄說完，劉司祿大驚失色說：「哎呀，謝謝你啊，大老遠來替我解脫這個冤業，我怎麼敢違背你的好意？」於是劉司祿大施家財，大方的布施，迎請一百多位道士來做一個超大的法會，又刊印《清靜經》一萬本散發給各方的信眾。

於是知玄在這天中午，看到一個婦人牽著一匹寶馬，寶馬上面放了非常非常多《清靜經》經卷，然後對著他說：「我乘著經文和法會的功德，奉太上老君之命，說我可以進入朱陵仙宮受煉元神，作為南宮的仙人，我在世長年，宋參軍不久之後肯定是會仙的。」

婦人告訴知玄說他也會成仙後，就升天了。最後這個知

玄跟劉司祿就讓事情告一段落，接著以道友相稱，一同持奉道教。知玄回到了家中之後，看到一隻青色的鸞鳥在自家的庭前，不斷地飛。便馬上沐浴焚香，乘著青鸞也飛升了。

飛升的時候，知玄留下一首詩，詩裡面寫：「文如後云，來生清淨悟真經，拔罪扶危出罪刑。今日乘斯功德力，朱陵宮裡煉神形。」

這段故事告訴我們幾件事，第一，如果你常誦《清靜經》，並理解裡面的東西，你是妖魔不侵的。

第二，就當你常持誦真經的時候，你的功德力有可能消除你一些罪孽的。你看這位劉司祿明明做了壞事，可是他一直誦經，所以鬼怪也沒有辦法報仇。

第三，如果你常持誦真經並且做法會還印給大家，是有機會持著功德力飛到仙宮裡面修煉元神，再去做南宮的仙人。

所以這個故事就是在講述常持誦《清靜經》的一些功德力，那《清靜經》有什麼用呢？他唸了會有這樣的功法，除此之外還有什麼，就要來看第二個故事。

借屍還魂

唐朝的慶曆年間，有一個姓韓的侍郎，駐守在運州。他有個 26 歲的女兒，嫁給了一個左司員外郎叫做王建，王建也是一位高官，而他的老婆韓氏懷有身孕之後回去住在父母家，在

三更時分於廳堂的西北角，聽到了異樣的聲音。那時所有的侍女都睡著了，只有他的娘子韓氏睡不著，忽然看到一個將軍身穿戰袍，手拿金槍對她說：「我是晉朝的韋將軍，在這裡已經居住了數百年了，你竟敢把這裡當作你的產房！這個血腥之氣觸動到我，如果三天之內不搬走，我就殺了妳，給我記住啊！」

韓氏非常害怕喃喃說著：「我願意搬走、我願意搬走。」

說完之後，那位將軍就消失了，到了第二天早晨，這韓氏就跟侍女講了這件事情，也把這件事情告訴了韓侍郎。韓侍郎聽完說，婦人之輩多是因為內氣虛弱，精神錯亂的幻覺，哪可能有什麼晉朝的將軍，不肯搬走，但多派了幾位侍女去輪流照顧韓氏。結果到了第二天的三更時分，將軍又再一次出現。

侍女們都看見這將軍出現，紛紛驚慌逃跑，將軍憤怒地說：「我已經提前警告過妳了，妳怎麼還不離開？如果明天我發現妳沒有走，我一定會殺了妳！」

韓氏趕緊說：「請將軍息怒，明天我一定搬走。」說完之後將軍又再次不見。

隔天清晨侍女們把昨晚的事情告訴韓君，韓君回答產婦安置不滿七天，怎麼能夠隨便移動，萬一身體出問題怎麼辦？所以他認為婦人血氣虛弱，才會產生幻覺，胡言亂語。即便侍女都說看見了，韓君還是認為婦人之輩都是疑神疑鬼，不要再說了。

到了晚上，果不其然韋將軍出現並說：「我韋將軍已經三次警告，你們始終不肯離開！」

　　韓氏和侍女就求情說：「我們沒有辦法啊，我們已經跟韓侍郎說這件事，可是他遲遲不肯搬走啊！我們真的沒有辦法。」

　　這時候將軍怒從心起，就拿起金槍一把往韓氏心口射去，韓氏哀叫一聲，就死去了。

　　她的父親聽到哀嚎之後，拿著一把寶劍走過來，發現女兒竟然死了，父母悲痛不已，馬上寫信給她的丈夫王建。王建聽聞自己妻子死去的消息，非常悲痛，馬上準備車馬急急忙忙趕回家中，到了寺莊鎮西十里處的時候，看到一位婦人遠遠走過來，走近一看才發現這是自己的妻子，他心想，怎麼會這樣呢，不是說死了嗎？

　　王建立刻下馬問妻子：「妳怎麼到這裡來了？」就連王建的隨從都有看到他死去的妻子，這時候妻子說：「我被晉朝的韋將軍給殺害了，今天到這裡冤情無法申訴，你作為丈夫竟連自己妻子都不能保護。」說完就悲痛的哭泣，王建非常悲傷，想要上前抱住妻子時，妻子忽然拒絕他說：「人鬼殊途，不要靠近我。」並接著說，她聽說這個鎮上有位田先生，從小唸誦《清靜經》，修行清靜無為之道，能感通神明，有通天的德性，吩咐丈夫快去求田先生來救她，好脫離幽冥。

　　王建一聽立刻策馬去鎮上，尋找這位田先生，並把事情的

來龍去脈告訴了田先生。田先生聽完便說：「好的，我幫你祈禱皇天后土救拔你的妻子出幽冥。」

於是田先生就帶著王建走到一處靜室，當晚一更時分，田先生披起自己的朝服，手持玉圭，焚起一爐香，點了七盞燈，閉上眼睛長跪燈前開始唸咒祈禱。

忽然間靜室出現一名天丁力士，他說：「我帶來玉帝的史書，你們可以拿著這個符命前往幽冥地府。」說完了之後，力士便放下手中的符命消失了。

田先生說，我現在帶著這個玉帝的旨意，和你一起前往地府抓拿韋將軍。於是田先生拿出了一條乾淨的席子，讓王建躺在席子上，躺上後王建就昏迷不醒，靈魂脫離身體。田先生在一旁打坐，元神出竅，引了王建的靈魂出門而去，走了幾哩地之後，看到一座大城，天色灰暗，左右站有很多鐵衣的官兵，手上拿著各種兵器，看到田先生紛紛向先生行禮說：「先生好。」進門以後，看到了一個紅色衣服的使者緊急通報。又有數十人看到田先生，露出敬畏的神情，互相告知說「田真人到冥府了。」不一會有穿綠衣的童子，手上拿著儀仗排班站立，看到田真人互相行禮，鬼使便問王建：「你是什麼人，怎麼到了冥府來？」王建說，我是田真人的侍從，鬼使就不再多問了。到了殿上田真人和酆都大帝對面而坐，田先生把這個玉帝的旨意給酆都大帝一看，王建和眾多的鬼使一看到玉帝旨命，就紛紛下拜。

不一會兒碧衣童子前來傳訊說：「游奕神將馬上前往陰司抓拿晉朝陰鬼韋將軍。」看到身穿黃金鎖子甲的人應聲，手拿寶劍領命而去。過了一會之後，鬼使上前報告說，抓到陰鬼韋將軍了，酆都大帝下令押上來，眾多的鬼卒就帶著這個韋將軍走上來。

　　酆都大帝說：「你這個百年陰鬼，在世之時殺害生靈太多不知悔改，現在竟然以陰身來傷害陽世之人。」

　　韋將軍就說：「我屢次勸她，三次警告她都不肯離開，我是一時憤怒把她殺了，請大帝看在我生前有功的份上，赦免我的罪過吧！」

　　酆都大帝憤怒回：「大膽！你身為陰鬼，竟然敢殺害生靈，還有什麼功勳可言？如今杖責三百發配北陰山，一千年以後才能釋放。」左右的鬼卒馬上將他壓倒在地，拿著鐵杖打了三百下，韋將軍發出淒厲叫聲，可以說是響徹雲霄般的悽慘。

　　打完了之後，一旁鬼吏說：「奉酆都大帝之命押你前往北陰山」，大帝就問韓氏的靈魂所在何處，左右的鬼卒就把韓氏的靈魂帶到了殿前。

　　鬼使說她的肉身已經毀壞，要再借一個肉身讓她還陽托身。於是判官開始檢查案簿，發現韓氏應壽 66 歲，所以還有 40 年的陽壽。青州縣王官人的女兒壽娘應壽 26 歲命終，可以讓韓氏借壽娘的屍首還陽。沒錯就是借屍還魂啊！

於是酆都大帝就准許放行，請田先生回去，王建也跟著回去。忽然之間，王建醒來，田先生便說：「官人，請一定要將這件事情保密。千萬不能跟大家講。」王建重重拜謝田先生後就問道：「先生怎麼能夠暢遊冥府呢？」

田先生說：「我能持誦《清靜經》，能依此經信受奉行與天地合其德，所以經中常說，人能常清靜，天地悉皆歸。你到家之後，火速趕往青州王官人家裡，認娶你的妻子吧！」說完王建告別了田真人就離開了。

而王建在路上趕路的時候，他的妻子韓氏已經還陽了。這王官人的女兒壽娘，死了三天之後忽然活過來。哇！大家嚇死啦！還說：「我是韓侍郎的女兒，我父親是運州的知州。」話還沒說完，王建剛好就到了王官人的宅邸，壽娘看到他就說：「我丈夫王建來了！」不過她的聲音跟以往壽娘的聲音完全不一樣。

接著王建就對王官人說明了事情的來龍去脈，而王官人也隨著王建夫婦到了運州，看她的父母。她的父母說，這就是以前韓氏的聲音啊。兩人猛然醒悟了這個大道真理。所以就散盡了家財，刊印了《清靜經》十萬餘卷，流布四方，又起超大的法會酬謝天地神明，做完之後王建和妻子都到寺廟長期的居住，拜謝了這個田先生。

田先生說，你可以和你妻子一同修行，王建就遵照著田先生的勸言，休了官位不再當官，換了身上的衣服到了長安福德

觀做了一個道士。韓氏在玉京殿觀做女冠，兩個人都活了 120 歲，無病無災，坐化飛升。

當你常誦《清靜經》，首先有，第一，你就有機會感通天地。第二，你有機會秉持正道，解決大家的問題，主持正義。在天地之間有正氣去維持天道正氣的運行，所以這是《清靜經》的一個功德。

清靜消愆：沈會與慕仁軌的故事

第三個故事，是在唐朝的貞觀年間，有一個非常貪婪的官員沈會，經常搜刮民脂民膏，後來被查辦發配到了竹蘭這個地方。

那時候因為他常常從早到晚誦《清靜經》，唸誦完了後，就面向泰山的方向行禮祈禱發願說：「大德天尊願賜垂聽，我沒有別的心願，只希望能夠回到故鄉。」

泰山府君的兒子叫做炳靈公，因為遊覽西嶽華山應邀赴會，見到這個沈會持誦《清靜經》，所以在虛空中說道：「哇，這個人真是難得，竟然會誦這個經。」回到泰山之後，把這個事情說給府君聽，府君就說此事善哉，所以令人去傳沈會到泰山府偏閣，沈會在正午時分端坐，見到一個紅衣的官吏來找他說：「府君要召見你」，沈會問道：「哪裡的府君啊？」

這個紅衣官吏說是東嶽府的府君，沈會聞言大驚，急忙穿好衣服和官吏同行。他們走到廳外，紅衣官吏便說：「從這裡到泰山要三千多餘里的路。」

　　沈會說：「那要如何能快點到達呢？」

　　紅衣官吏說：「我在這裡要借一匹千里馬。」

　　沈會就在樹下等待，見到紅衣官吏走進一座廟中，不一會就牽出一匹青色的駿馬，像驢般的大小。官吏對沈會說，騎上這匹馬，一定要緊閉雙眼。沈會騎上馬後便閉上眼，發現馬跑得像風一樣的快，不一會聽到紅衣官吏說，睜開眼，他睜眼看到一座城，這城外長滿了荊棘，到了這個府衙兩邊有鐵甲衛士守衛，紅衣官吏令沈會下馬，帶領他進入府衙。

　　府兵問說：「什麼人？」他接著說，府君有令，只能走到第三重門。

　　紅衣官吏說：「沈會，你在此等候，我進去通報一聲。」他進去通報後，就有人對沈會說，府君要召見您，於是沈會趕快急忙進去了。這官吏讓沈會在殿下等候，兩邊有金甲的鬼兵侍衛。此時有兩名穿著綠色衣服的童子，將簾子拉開，見到一個人坐在殿中間，頭上戴著一個遠遊冠，穿著青色蟠龍龍袍，拿著一柄寒玉圭。旁邊站著一個戴著金色帽子，腰繫藍靛玉帶，年約 30 歲左右的人，就請這綠衣童子讓沈會上殿。

　　沈會戰戰兢兢地往上走，腳步幾乎不敢移動，這綠衣童子就扶著他上殿，沈會連忙拜倒，府君回禮之後，讓兩邊的人賜

座給沈會，開口說道：「凡人為惡，不被人殺死，也必定為鬼所害。你過去呢？因為貪欲太重，才會被責罰發配很遠的地方，你能在一年之間誦讀《清靜經》萬餘遍，積累了非常多功德。所以你今天才有資格在這裡拜見我。天地也勸說我不要再讓你進入輪迴之路，你已經能背誦了，現在只要能理解其中的道理，按其形式向別人講授談論，讓別人也理解其中的道理，你功德就會再增加。屆時你不能成為上仙啊，也能成為神仙，不會再進入生死輪迴啦。」

府君說完，一個穿著紅色官服的鬼官，在桌上鋪開了一卷文字說：「有慕仁軌跪求殿下，他是沈會的姑父。」

沈會聽了回過頭不敢看，府君對慕仁軌說：「過莫大於欲，禍莫大於貪，罪莫大於殺人，你三種罪都有，怎麼可以赦免呢？」

於是命令兩邊的鬼兵責罰他。沈會見到兩個鬼兵抬著一個鐵床放到殿前，並讓慕仁軌脫下衣服，在慕仁軌還沒脫下衣服的時候，鬼官就用針挑他的臉，然後臉上就起火燒了半邊，他慘叫不已，身上的衣服脫下來，就把他按在鐵床上，用鐵釘釘他的身體。床下用火來燒他的身體。

他持續地慘叫著，慘不忍睹。趴在鐵床上不過一會，身體已經全部燒成了焦灰，這時候有鬼兵拿一支扇子唸道，慕仁軌，再搧了一下，慕仁軌又恢復成原來的樣子，又被鐵拴拴住。這時候沈會就從席中說道：「這個人是我的姑父，能不能

救救他？」

府君說道：「因糾紛而冤枉別人，讓別人的生命受損，哪能赦免呢？」

而府君的兒子炳靈公說，除非是被冤枉的婦人答應，才能夠赦免。除非太上老君有詔書，能讓含冤的人上天堂，才能赦免他的罪啊。

沈會接著說：「如果我能讓慕仁軌改掉從前的錯誤，消除他的六欲，使其不生三毒，並設太上羅天大醮，能讓被冤枉的趙氏婦人升入天堂，能不能免除慕仁軌他的痛苦呢？」意思就是沈會要做一個大法會向天尊赦罪科儀。

府君說：「這樣的話是可以的，慕仁軌壽命還有五年，現在只是將他的兩魂押到陰間，領罪受罰，還有一魂在陽間守著身體，但身上已經長出惡瘡，疼痛不已，五年之後，壽命盡了就會死掉，然後在陰間地府所受的懲罰完畢，再投身為豬羊或投身為人，再受到刑罰被處死。」

沈會聽了之後，馬上唸誦《清靜經》，豪光閃耀讓地府為之震動，府君害怕經文的威力破開地獄，就對他說：「你可以回去了，不要再起這個貪婪之心，不要再生三毒之意，感謝上天赦免你的罪過。你回鄉之後，就要去慕仁軌那裡，勸說他不要再生貪婪之心，這樣做就可以了。」

一名官吏就送沈會回去，沈會走下大殿向府君等人拜別，官吏說你趕緊跟著我，他們走過一條大河，官吏大喝一聲，沈

會忽然驚醒，全身冒著冷汗，發現周遭的人都圍著他在哭泣。

沈會站起來，家人對著他說：「你已經死了三天了。見你心頭還有一點熱，還好你活過來啊！」沈會抬頭看天，淡淡說出真的是有鬼神，便對所有人說：「不要再起貪婪之心了。」

然後照著府君所說，認真唸《清靜經》，三天之後，果然有皇上下旨，大赦天下判死刑和發配邊疆的人。沈會也就被赦免回到了家鄉。到了家鄉，沈會就前去東海郡，找他的姑父慕仁軌，發現慕仁軌已經臥病在床三個月，身上滿身膿瘡，污血滿床，疼痛到不能忍受。

慕仁軌見到沈會之後，非常高興地說：「我一個月前夢見你救了我，我真的好痛啊！」

接著說出和沈會那天在陰間所遭遇一模一樣的事情，懺悔自己的罪過，並舉辦皇天大醮，讓道士印了一萬卷《清靜經》，結緣發放給十方善信們，又辦持誦《清靜經》的法會，做這些事累積功德。

這一日中午用完齋飯，天上有一個婦人來答謝：「感謝你舉辦大醮，讓我能夠升入天界。」並留下一首詩，沈會望著天空行禮答謝，沒有半月的時間，慕仁軌身上的膿瘡全部都好了，身體像從前一樣健康。

沈會便用《滿庭芳》上的詩詞來勸他，慕仁軌聽了之後，大感陰間報應的事情這麼靈驗，怎麼能不信呢？

所以也作詩一首：「思量伶俐不如殷，六欲三毒莫強添。探得百花成蜜後，不知辛苦為誰甜？」

沈會接著說：「流年如電情，爭忍不修行」，並抱緊拳頭放聲大哭。

兩個人明白這些道理之後，放棄了俗物，辭掉了官職，一起到天臺山用茅草蓋了一座小屋，每天持誦《清靜經》三百遍，兩人的修行到 90 多歲之後，就得道成仙了。

這個故事告訴大家什麼？

第一，就是你常誦《清靜經》是真的功德無量，並且能實現你的願望。

第二，如果你常行惡事，畢竟在陽間生病難受非常痛苦，你的三魂七魄裡有很多被押到陰間受苦。所以在陽世間已經很難舒服的過日子。這時候唯有常誦《清靜經》，才能夠去除你的罪孽，你就容易恢復健康。

所以呢，不只是為自己，還有為家人，人世間的貪欲，慾望，所謂的三毒消滅。佛教講的貪嗔痴，這些都可以在唸《清靜經》的時候得到消滅，這樣的話你就能累積功德，得道成仙，平平安安是很重要的。

簡老師想跟你說

◆ 有事沒事常唸《清靜經》。

◆ 累積功德，平平安安最重要。

開運風水提示

　　這次要分享給大家的開運風水小提示，主要針對 2023 癸卯年，如何透過開運法器來強化財運以及化煞的風水佈局。這次使用到的是我自己很推薦的兩樣風水法器，分別是催旺財氣的紅葫蘆，以及化煞平安的銅葫蘆。

　　第一步，需要先確認好你家房屋的朝向，找到家中最大的對外窗，通常都是客廳的對外窗，如果客廳有陽臺，那就是陽臺。

　　第二步，打開窗，將手機內建的指南針 APP 開啟，確保是在有 GPS 訊號並且不受屋內的磁力干擾下，將手機伸出窗外，所測量出來的方位，就是你們家的朝向。確認好朝向後就可以對照位置，擺上開運法器囉！

2023 癸卯年財運風水佈局：請事先準備一只紅葫蘆

　　若你家的房屋朝向為：西北、西、東，可以將紅葫蘆放在家中的北方位置。

若你家的房屋朝向為：北、西南，可以將紅葫蘆放在家中的中間位置。

若你家的房屋朝向為：東北、南，可以將紅葫蘆放在家中的東南位置。

若你家的房屋朝向為：東南，可以將紅葫蘆放在家中的西南位置。

2023 癸卯年化煞風水佈局：請事先準備一只銅葫蘆

若你家的房屋朝向為：西北、北、東南、南，可以將銅葫蘆放在家中的西北位置。

若你家的房屋朝向為：東北、西南，可以將銅葫蘆放在家中的東北位置。

若你家的房屋朝向為：西、東，可以將銅葫蘆放在家中的東邊位置。

簡老師想跟你說

不要追求大鳴大放，只求安全下莊就好。

因為如果你要在今年追求大鳴大放，通常最後都會是爛尾，所以祝福大家在 2023 年都能安全下莊啦！

紫微斗數基礎教學

接下來要帶大家進一步了解紫微斗數。透過排盤應用軟體的使用搭配，不僅能替親朋好友查看命盤運勢，最重要是讓你更了解自己，掌握自己的狀態，查看流年、流月、流日等運勢，從中找到方向指引，給自己幫助。即便只是學習基礎，掌握關鍵還是能夠替自己或親友做到補強效果。

提醒大家，命盤不是注定，只是行為偏好的顯現。了解自己的命盤與性格後，才會知道有些選擇原來是受到自己怎樣的個性使然，造成後續一連串的結果，讓你日後再面臨選擇時候，多了一個工具能作為判斷及參考，也更能趨吉避凶達到為自己改運的效果。

由於現代排盤都已經電腦化，簡老師就不教大家排盤或是安星訣，我會推薦大家搭配使用一款「文墨天機」排盤軟體。如果你已經有其他習慣的軟體也沒問題，因為命盤上的星星與宮位關係都是通用的。

14 主星概述

　　開始之前，先帶大家了解紫微斗數系統中，一共有 108 顆星。其中有 14 顆大星星，我們稱為「主星」，就是最主要的星曜。另外像是「六吉星、六煞星、四化、鸞喜祿存」，這些屬於次要輔助的星曜，也會提到它們出現在命盤中分別代表的意義。

　　首先，主星就是大家最常聽到，像是：紫微、天府、太陽、太陰這些，每個人命盤中都有這 14 顆星星分布在各格中，同時這也是很重要的部分，因為所有的紫微斗數學習開端，都是從這些主星開始的。這 14 顆主星分成，北斗星系與南斗星系，北斗星系的星星，一般來說相對比較剛猛，南斗星系則是相反，比較柔和。

　　北斗星系有：紫微星、貪狼星、巨門星、廉貞星、武曲星、破軍星。

　　南斗星系有：天府星、天機星、天相星、天梁星、天同星、七殺星。

　　中天星系有：太陽星、太陰星。

　　紫微星是北斗星之主，北斗的帝王，而南斗星就是天府星，也是南斗的帝王。你可以用《天龍八部》中段譽的大理王朝來想，南斗星的帝王天府星，其實就是一個王爺的概念。除了北斗星系與南斗星系，還有介於南北斗中間的中天星系，即

是太陽星與太陰星，代表太陽跟月亮嘛，對吧。

　　後續在深入研究紫微斗數時，還會有更深的技術，會從紫微星跟天府星看太陽星、太陰星的狀態，並決定命局的結構性高低。有些對紫微斗數有興趣的朋友可能有聽過，不過由於這部分偏向哲理性，算是非常高階內容，應用機會也不多，這次主要是介紹基礎篇，所以就不會提到。

吉星煞星、鸞喜祿存、四化

◆ 吉星

　　光看字面意思可以知道「吉星」的出現，就是能帶來好事或是幫助你更好的星星，仔細看這六吉星的特質與影響都是相似的。文昌、文曲都是與文學、文采有關，文昌與文字更有關聯，文曲則是跟藝術更有關聯。再來天魁、天鉞是一對的，分別代表男性、女性的長輩貴人。講到貴人，直覺就能知道，是帶給你幫助或是方向指引的角色。最後左輔、右弼同樣是一對的，代表男性、女性的平輩貴人。平輩的貴人就是能夠給你輔助協助的角色。

　　文昌：文書、合約、考試、古人認為的智力、才華、浪漫。

　　文曲：文書、合約、社團、才藝、專業能力、多元的智

力、浪漫。

天魁：道德正向的助力、地位或心理狀態的年長男性貴
人。

天鉞：道德正向的助力、地位或心理狀態的年長女性貴
人。

左輔：不一定符合道德的助力、地位或心理狀態的平輩男
性貴人。

右弼：不一定符合道德的助力、地位或心理狀態的平輩女
性貴人。

◆ 六煞星

看完吉星的簡述，接下來就要介紹「六煞星」。擎羊、陀
羅這一對，一個代表衝動，一個代表緩慢，火星跟鈴星則分別
代表是暴躁脾氣，一種是瞬間爆發，另一種是隱忍後爆發。另
外，地空跟地劫這兩顆星比較特別，也因為這兩顆的特別，六
煞星在不同的門派技術中，也有些不同認定，原因就是這兩顆
屬於空星，事實上它所帶來的狀態影響也和煞比較不一樣，以
我們的技術上來看，會覺得比較像是把東西搬走。

擎羊：衝動、切斷。

陀羅：執著、拖延、陰暗。

火星：突發式憤怒、外顯式的火、忽然消失。

鈴星：壓抑式憤怒、內隱式的火。

地空：空星，空掉其他星曜的特性。期望過高、不自量力、忽然被空掉。

地劫：空星，空掉其他星曜的特性。不理智冒險投機、忽然被劫走。

◆ 雜曜

　　最後是常用的雜曜以及四化，大家最耳熟能詳的紅鸞，是跟桃花有關，生小孩叫天喜，跟野桃花有關叫天姚。祿存代表跟你的財及數量有關，天馬和奔波有關。至於天刑比較少用到，可以理解成有點接近前面介紹的「擎羊」角色，算是半隻擎羊的煞星。通常天刑會跟法律比較有關，所以看到天刑星的時候，就要特別注意，容易有法律、刑法相關的趨勢。另外運羊運陀，就是大限擎羊和大限陀羅，同樣與前述一樣，有大限，當然也有小限的羊陀和流年的羊陀。

紅鸞：結婚、愛情、桃花、血光。

天喜：訂婚、愛情、生子、血光。

祿存：多一個、財、穩定。

天馬星：奔波、遠距離。

◆ 四化星

最後是四化，化是改變的意思，當它落在宮位上時，該宮位被它依附的主星就會有所改變。另一個變是，四化星為動態的，會隨著天干不同在變動，雖然可以推算四化星所依附的主星，但每個人命盤上的主星排列方式不同，對於每個人的影響也會因為所在宮位而不同。四化星的特別之處凸顯出其重要的變化意義。

化祿：錢財、利益、滿足。
化科：出名、發聲、重視。
化權：權力、提昇、強勢。
化忌：煩、缺少、不好的、嫉妒。

在命盤中，可以看主星下有標祿權科忌的方式找到四化，若無主星則為空宮。空宮可以借對宮星曜為用，雖然可以連四化一起借，但效果打折。另外空宮本身並不穩，逢煞更為動盪。

看盤要點

首先要如何看自己本命盤及宮位，記住宮位看三方四正，以文墨天機來說，三方四正就是你點按命宮後，會由命宮跑出

向外的三條線。其中三方四正以本宮效果最明顯，對宮其次、左右方更次。

而煞星從三方四正進來的越多，影響越為加倍，如同我們平時可以承受的痛苦範圍來說，一次遇到一件壞事可能還可以承受，但太多太大量的壞事迎面而來就會導致你崩潰。另外在看盤時，可以看到上面有標示出每顆星星的亮度，從亮到暗依序為廟、旺、得、利、平、不、陷。越亮越能展現出該顆星星正面狀態，反之越暗則展現出星性負面狀態。如同人有正面負面、星星也一樣，堅持和固執是一體兩面，衝動和勇敢也是一體兩面。

看完命盤後，看自己的流年也是同樣看三方四正的方式。在文墨天機中點按該年，一樣會出現從流年宮位向外的三條線，就可以看流年的命宮三方四正狀態：自己那格是正宮，左邊數四格是左宮，右邊數四格是右宮，斜對面是對宮。各個宮位的代表解釋（也可用在流年看事用）：

命宮：自己

兄弟：媽媽

父母：爸爸

事業：工作

財帛：錢財收入

田宅：家中、財庫

交友：朋友、部屬

遷移：外地

疾厄：健康

夫妻：感情狀態

子女：部屬、性狀態、子女

福德：精神狀況、各種問題之嚴重程度判斷區

看流年時，通常要參考多個宮位並將小限（註：大限以十年為一單位，小限則是跟著你的虛歲歲數。因此會隨著你農曆生日過後更換）、流年同參才能判斷，而且彼此必定有相互的關聯，有連動的邏輯，就能用來判斷理解今年流年是否順利。

至於流年宮位的吉凶就會看星性而定，可以再次對照前述講解的星星特性，雖然彼此會影響，但不會抵銷，所以遇到有煞，代表你基本上不會太爽太舒適，而無煞就可以恭喜你。

幫自己看盤或是親朋好友看盤，應該最常是要看感情姻緣啦，這邊也分享一些小技巧，通常命宮、夫妻宮踩紅鸞天喜，代表容易有姻緣，不過具體上如何還是要加入夫妻宮吉凶一起看。另外，夫妻宮遇貴人星是代表不好，畢竟感情不太適合有人幫，這樣容易有第三者。

紫微斗數命盤本身是立體的，你可以將本命、大限、小限和流年，當成你的一、二、三樓。一樓的星性和四化一定會影響到三樓，三樓也會影響一樓和二樓，差別在於距離越遠，影

響越小。

如同前面說的，基本上宮位中有煞星，就不會太爽，遇到化忌也是同樣道理。因為星星之間會互相影響，不會完全抵銷，所以該顆星星帶來負面的影響一定還是會存在。

掌握基本看盤要點後，接下來就要進入本篇的重點，14主星各自代表的意義與特徵了，不僅是看你的命宮主星，用來對照不同宮位上主星所帶來的影響與力道，也都是可以與前面介紹的共同參考來融會貫通使用的。

◆ **紫微星** 〈關鍵字：皇帝、高貴的人、自尊高、領導力〉

紫微星是北斗群星之首，簡單來講就是北斗的帝王星，也就是像皇帝一樣。而紫微在五行上屬陰土，土代表的是腸胃，所以腸胃容易不好，陰土跟陽土的差別，建議大家可以查中醫醫書為主，因為這是偏中醫體系的內容，那化氣為貴，紫微星也有代表貴氣，容易有貴病、富貴病。

這邊要提一下 14 顆主星都有各自對照的五行，它會決定你身體上有哪些地方不好。例如命宮有紫微星，那紫微星就代表你的腸胃會不好，若你疾厄宮有紫微星，你的疾厄宮也會代表腸胃會不好。這是相對來看比較準的部分。

• **人物形象** （參考：父母宮、兄弟宮、夫妻宮、子女宮等）

由於紫微的人物形象是皇帝，喜惡隨心，比較自我、任

性，所以當越廟旺，正面特質像領導力就會越顯著。而當越落陷，他的任性跟自我，這類比較反面的特質也就越顯著。因此假設你紫微星在父母宮，通常代表就是你的爸爸媽媽，會很像皇帝一樣，讓你有這些特性。

如果紫微星在兄弟宮，就是代表兄弟姊妹或是很好的朋友會像皇帝一樣，在夫妻宮就是你的另外一半會比你貴氣，他的家庭背景或工作都會比你的還要好，這邊說的都只是貴氣，貴氣不代表有錢。

● **事件形象**（參考：財帛宮、田宅宮、遷移宮等）

以事件形象來看，紫微星的特色有：高貴的、貴金屬的、奢侈的、體面的、統治、突出、不服輸。

因此你的紫微星落在田宅宮，就會代表你家背景或是你住的房子比較高貴。在財帛宮，代表讓你賺錢或有收入的職業方式，肯定與奢侈品、高貴的人有關，甚至也可能和貴金屬有關。落在遷移宮，因為遷移宮代表是打扮，所以代表你打扮會比較體面，比別人突出，對打扮方式也比多數人來得在意。同時因為遷移宮也代表出外的運氣，因此紫微星在這也會讓你外出時要像個皇帝，需要有人服侍你，這樣才夠貴氣。

除了特質外，紫微星的人通常在長相上會有一些基礎的形象，但這部分我是覺得沒有那麼準，像一般來說紫微星坐命是皇帝，可能臉部的肉會比較多，腰背比較厚，說話感覺比較

老。但這些基礎形象指的只有紫微這顆星星，絕大多數的人命中還是會有吉星、煞星或空星等等其他的影響，所以他不會真的長這樣。因此基礎形象建議大家看看就好，實際上在算的過程中，不太會以這樣方式去辨認對方的主星。

◆ **天府星**〈關鍵字：王爺、穩定、領導力〉

　　天府星是南斗群星之首，和紫微星相對，是南斗帝王星。另外天府星亦有財庫的意味，一般來說也比較偏保守型，畢竟是管錢的。天府星的五行是陽土，所以當天府坐命宮或疾厄宮時，容易有腸胃上的問題，化氣為號令。

　　通常都會說天府星是王爺。一般來說管理能力很強，善於分配工作，他不一定會當頭，就算是他當頭的時候，你會發現他在做事上很多時候仍事必躬親。這點與紫微星那種真正的帝王，動口不動手是不一樣的；天府星一定會做事情，會自己動手跳下去做。

　　一般來說是沉穩，具有毅力的，同時也偏向保守型，這種都是傳統比較好的天府星，當遇到煞星比較多的時候，他性格就會有些轉換，變得比較衝一點。這種型態的天府，反而會失去財庫的穩定性，可以發現這類型的錢財不容易凝聚。

　　● **人物形象**（參考：父母宮、兄弟宮、夫妻宮、子女宮等）

　　有些人會說當天府坐落在父母宮、兄弟宮或是夫妻宮，都

是屬於吉利的，這邏輯我認為不完全是正確。因為穩定是天府星的特質，在待人接物上，本來就容易顯現穩定的面向，不過當煞星多的時候，他們會有反面的影響，還是會不好。建議不要把主星特質跟吉凶混為一談，這是批命盤上非常重要的一個觀念。

- **事件形象**（參考：財帛宮、田宅宮、遷移宮等）

前面說到天府星的特質之一就是穩定，因此當天府星落到財帛宮，表現出來就會比較守成，理財上屬於保守型的，在田宅宮的話也是相同展現，善於積蓄錢財。

不過要是遇到煞星太多的時候，會造成這個財庫呈現沒有錢的狀態，他會容易去搶錢，這點要特別注意喔。因為即便他去搶錢也不會因此有錢，從紫微斗數學習上可以了解，巨大的錢財通常來自於一定時間性的積累，如同巴菲特講的一樣，先找到一個很長遠的雪球不斷滾動，並且每把都贏，最後會因為複利的原因賺到很多的錢。

如果你的錢財是變動高的，上上下下，代表沒有穩定性，也就不容易有很多的錢，甚至有可能不小心就賠掉全部。

◆ **天機星**〈關鍵字：謀士、變動、籌謀、工具〉

天機星通常代表聰明，並與機械有關。

天機星是兄弟主，當一個人紫微星坐命時，他的兄弟宮就

會是天機星，所以叫兄弟主。代表說天機星在皇宮的特質裡，是屬於助手、輔佐的角色性質。如果當命坐天機星的時候，就等於你把兄弟的位置拿走了，跟其他兄弟的感情就容易不太好，有可能是聚少離多，不然就是不容易有同性手足。簡單來說就是，命坐天機的男性，手足容易是姊姊或妹妹，女性則相反，容易是哥哥或弟弟。

天機星的五行屬於陰木，化氣為善。木頭代表肝，所以天機星的人肝不太好，四肢也容易不好。善則代表的是善良或善變，一般來說天機星容易心軟，也比較善變。

● 人物形象（參考：父母宮、兄弟宮、夫妻宮、子女宮等）

如同前述，天機星大多是善良或善變，因此人物形象為策士、善變的、屬於謀略型的。天機星的人喜歡思考與鬥智，會喜歡玩益智遊戲，也玩得很多，當你的父母宮、兄弟宮或夫妻宮，甚至子女宮是天機星型，就會是這類型的人物。喜歡動腦但不喜歡當頭，喜歡出主意但不喜歡執行，加上天機星也代表多元和變動，所以他們在想法上通常屬於善變。例如你的夫妻宮裡剛好是天機星時，有可能你對異性的偏好就是比較多元的、比較變動的。另外即使心軟是天機星另一個特色，但不代表天機星就一定是好人。

從現代角度來看，天機星容易當工程師這類需要動腦的職業，對機械也比較熟悉。因為喜歡動腦，他喜歡找捷徑找訣

窮，顯現在個性上也比較投機。有些喜歡賭博的人，或者說一些職業的賭徒、牌手，也很可能是天機星的人，甚至做區塊鏈的人，也可能是天機星，因為他們喜歡找漏洞，喜歡找機會跟動腦、鬥智。

● **事件形象**（參考：財帛宮、田宅宮、遷移宮等）

天機星的變動，放在事件形象上就是流動、不穩定，也與機械、交通有關。一般來說當你遷移宮有天機星化忌，容易出車禍，若是坐在財帛宮則表示你投資的方式屬於多元的，在田宅宮就是住處多元，容易搬家。這些都是天機星在事件上展現的特質。

◆ **太陰星**〈關鍵字：女性、房產、錢財、細膩〉

太陰星是中天之星，能量強，算一顆大星星，尤其月亮是很重要的核心，為母星、妻星。母星代表媽媽，所以當太陰星坐落命宮時，主多母多妻，但因為是在命宮，代表你扮演這兩個角色，自然這兩個角色和你的關係就不容易好，或是說易聚少離多。

太陰星五行屬水，化氣為富。太陰代表女性，因此易有婦科疾病，男生的話就是跟腎臟、骨頭有關，膀胱也算是屬水的部分。而富代表積累的錢財，也就是你太陰星很吉利的話，積累錢財能力會比較好；相反的，太陰星如果差，積累錢財能力

也就比較差。因為累積是需要時間，太陰星差就表示，你對於這種慢的事情沒有太大興趣。

● **人物形象**（參考：父母宮、兄弟宮、夫妻宮、子女宮等）

太陰的人物形象代表的是女性的親屬，也代表內斂的、儲蓄的、溫文儒雅和美的。當好的太陰星坐在父母宮或兄弟宮，代表說這個人會比較具有強烈的女性特質。坐在夫妻宮也是，代表你的另外一半會有很強烈的傳統婦女的特質，比較好理解的說法就是三從四德、謹慎保守，這類傳統婦女的特性。

雖然太陰代表月亮，但和西方的月亮是不一樣的。西方的月亮星代表反射、變動、快速，而東方紫微斗數裡，月亮是緩慢的，女性特質比較重的，另外子女宮有太陰星也代表你生女生比較容易，如果是生男生就會明顯有女性特質。

● **事件形象**（參考：財帛宮、田宅宮、遷移宮等）

緩慢、穩定、隱藏、收斂還有土地，這些都是太陰星的特徵。因此若你的太陰星落在田宅宮，就會是最棒的，這表示你會緩慢持續積累錢財。雖然現代人都希望趕快有錢，不想等到五、六十歲還是六、七十歲才有，但太陰星的特色，就代表你會慢慢積累後，擁有鉅額的財富。若你的太陰星在財帛宮，則表示你賺錢這件事會跟女生有關，因為太陰星還是有女生的特質，若在官祿宮，同樣也是和女生有關，或是你從事的工作和

土地有關。不管如何，在事件形象上，都是具有緩慢特質，快不了。

◆ **天同星**〈關鍵字：小孩子個性、享受、懶散、穩定〉

天機是兄弟主，而天同則是福德主，與兄弟主意義相似，就是福德宮之主，而福德又具有福氣、吉祥有關，因此你可以理解成這就是福星之一。天同是益壽保生之宿，當你的天同星越吉利，對你的壽命和你生命的長度就越是有幫助。所以當你的天同星狀況越差，就要特別留意你的福氣，屬於比較沒有福氣的人。

天同星的五行屬陽水，化氣為福。陽水代表跟腎還有泌尿系統比較有關。天同星因為具有小孩子特性，也會有跟小孩特性有關的一些疾病，像是吃糖太多引起的血糖高，或是血壓高，都是和天同星比較有關。

另外化氣為福，就表示當它落在哪個宮位時，那宮位就是所謂的福星宮位，而福星的宮位也會是他比較懶散的部分，但不代表天同星的人一定都很懶喔，如果天同星加了很多煞星，的確會比較懶著不想動，可是天同星加了一些吉星，就會有振奮的效果。因為天同星算是一個敏感的星星，容易受到影響，他的性質也相對來說易變動，受到輔星的差異影響比較大。

● 人物形象（參考：父母宮、兄弟宮、夫妻宮、子女宮等）

天同星的人物形象，最鮮明之處就在於，有小孩般性格，具有享樂、天真、情緒化以及懶散。因此不論是在人物相關的哪一宮位，對應的關係都屬於是友善的，因為代表享福嘛。不過小孩性格也表示會有些任性，一般來說是比較平穩的，除非是有煞星加入，那就會變得不一樣了。煞星會加強任性的部分，讓性格變得比較激烈。

● 事件形象（參考：財帛宮、田宅宮、遷移宮等）

天同星在事件上的顯現有：享受、和好、順利、穩定、逢小凶化吉，其中有個關鍵，就是當天同星在財帛宮時，就代表你賺錢這件事會和享福或是小孩有關。

不過，天同星代表是比較小的星星，所以即使是享福的星相，賺來的錢也不太容易是大數目，畢竟要享福的性格就不會用力去賺。再來也容易有一些奇怪的破財機會，但因為福星有逢凶化吉的特性，即使破財這破洞也不會太大。這邊說到天同會逢凶化吉，所以只要是格子遇到天同，這格所對應的事件上就容易有奇怪的鳥事，例如官祿宮就是工作上有鳥事，財帛宮就是錢財容易遇鳥事，因為要先有鳥事才能化解，證明沒事。如果你說：「簡老師可是我一直都沒有遇到鳥事啊！」那恭喜你，你感受不到，代表特別有福氣。

◆ **天梁星**〈關鍵字：蔭星、孤高、老成、公正、審判、宗教〉

天梁星一般代表的是父母主，屬於上對下，因此天梁星坐命宮的人，一般和父母容易聚少離多。尤其天梁星代表壽星，比較老成，有可能比自己的父母還像父母，加上特別重視養生，重視自己的身體健康狀態，不過在年輕的時候顯現這樣性格，特別容易覺得像個老人。

天梁星五行屬陽土，與腸胃很有關係，加上天梁是老人星，又會跟老人病有關係。化氣為蔭，代表照顧，看你的天梁星落在哪一格，就代表你會受到那個格子照顧。例如在父母宮就是父母會照顧你，兄弟宮有天梁星就是有兄弟會照顧你，而夫妻宮就代表你跟另外一半有照顧的關係，也代表另外一半喜歡照顧。不過照顧得好壞是一回事，想要照顧又是另一回事。若財帛宮有天梁星，代表你理財的方式也會有上對下的關係，像是醫療、法律、教育，這些都有上對下關係的，會比較接近。而官祿宮有天梁星，就代表你是很在乎工作的人，比較囉嗦，會像老人一樣，喜歡看長遠的事情的人。

● **人物形象**（參考：父母宮、兄弟宮、夫妻宮、子女宮等）

前面不斷強調天梁的特性，因此人物形象很好聯想就是老人、知名的人，或是清官、長輩、囉嗦、老成等等，很好理解人物形象就是這樣子的老人。

● **事件形象**（參考：財帛宮、田宅宮、遷移宮等）

最具代表的事件形象就是庇蔭、消災解厄、醫療、藥物等等的特色。天梁星和前面提到的天同有些相似，就是天梁星也屬於鳥事星，天梁星所在對應的格子中，也會有很多鳥事。

不過天梁星的鳥事比較像是自己找來的，因為老人的特性，多管閒事、喜歡照顧別人，所以鳥事很多。

另外，天梁星也是宗教星，所以天梁星的人跟神很有緣分，天梁也算是一顆神星，跟所有的神都很有緣分。這邊提一下天梁星有四化的變化，一旦化了祿，容易有天上掉下不勞而獲的一個特色，以 2022 年來說，因為天梁化祿代表教育產業和藥物產業、醫療產業都有著很大的爆發。

目前為止我們所介紹的星星，正好是機月同梁（月為太陰），屬於人類文明的延伸。為什麼呢？因為機月同梁是南方，南方一般來說比較書生氣，因為他們在沿海一帶過得比較滋潤。再加上機月同梁都屬於比較不激烈的星星，因此當你命宮有這四顆星星，或是流年剛好走到這四顆時，都可以感受相對的穩定，不會很激烈，不會大起大落的一個狀態。

接下來呢，要來講的是「殺破狼」。這殺、破、狼，都代表的是人類很原生基礎的一個慾望，因此在表現上就是正好相反，屬於比較激烈一點，大家可以細細感受一下。

◆ **七殺星**〈關鍵字：孤軍、藍波形象、剛毅、孤、勞碌〉

前面談到，一般來說北斗星系相對比較剛猛，南斗星系則比較柔和。不過像七殺這顆星星，雖然是南斗星系，卻看起來很剛硬，好像跟砍、殺有關。的確七殺星屬於很硬的，與其他南斗星系不同，所以通常七殺星代表的是孤剋主，當七殺星落到哪一個位置，就會顯現那個位置的孤性重。例如，落在父母宮，你父母通常就比較孤獨，和你的關係就很難太好，兄弟宮或夫妻宮也是同樣邏輯，但不會說是關係不好，因為每顆星星都有吉凶，只是會凸顯出這個人天性孤獨。

七殺星也代表將星，我覺得它很有趣的地方在於，雖然它本身帶著孤獨，但在職場中的七殺星，往往會管理滿多人，或是說擁有比較大的權力，能做的事情自由度會要求得比較高。

七殺星的五行屬金，屬金代表跟肺有關，骨頭有關。因此七殺星坐命宮或疾厄宮的人，容易骨頭或肺比較不好。七殺是化氣為權，代表是跟權力有關，這邊的權，更多代表的是他可以管自己，他想要自由，你就沒辦法管他。

● **人物形象**（參考：父母宮、兄弟宮、夫妻宮、子女宮等）

七殺星的人物形象代表的是，衝動、孤獨、眼神有力，以及直來直往跟毅力，這些都是我們常見的七殺星特質，其中七殺星又以孤獨及毅力是最關鍵。不過呢，七殺星還有一個詞，代表「中段的挫折」。

七殺星落在父母宮，代表父母的人生中間一定會有挫折，若在夫妻宮，就會是你們感情的中間會有挫折。所謂的中段、中間，是指「從在一起到結束的中間」，通常這個階段就是婚姻，所以七殺星有個特質是婚姻中間容易有挫折，看到這不必先絕望，這都是有機會可以撐過去的。

回來看七殺星孤剋性質，其實對六親宮位都不太好，像是在命宮你會孤剋所有人，就會一直有強烈的孤獨感，不代表一生孤獨不會結婚，這邊談的是你孤獨感會比多數人來得強。

● **事件形象**（參考：財帛宮、田宅宮、遷移宮等）

七殺星在事件形象一樣是有孤獨、挫折、獨立的代表，其實就是比較剛硬的意思。當七殺星落在田宅宮，就代表你家附近會有這種剛硬武職的工作場域，像是派出所啊、軍隊營地，這類型的，不然就是你所住的地方是比較孤獨的，房子可能沒有大家連結在一起，像是山上郊區這類型的都符合孤獨的地方。

落在官祿宮，代表你做工作的性質偏向一個人就能獨立完成的，或是屬於比較直接應對的。因為七殺星很直接，就不太會拐彎抹角，這類型工作通常屬於傳統行業，因為大多直來直往不需要多想。

落在財帛宮則是喜歡較直接的投資模式，或是投資物品和金屬有關，這些都會是典型的七殺星特質。

命坐七殺星的人，通常人生波折會比較多，原因是他喜歡自己硬幹，可以想像，像這樣具有獨立、剛硬性格的人，其實他自己一個人就能完成很多事情，換個方式想，有時候七殺星的人和他人合作，反而不一定會好，可以享受獨立完成事情，其實會讓自己更舒服喔。

◆ **破軍星**〈關鍵字：破壞式變動、消耗、買賣、投機勞碌〉

破軍星最直覺的形容就是一位衝鋒軍，但因為衝鋒是帶頭的，又衝很快，所以常常會出現虎頭蛇尾，續航力不足的情況。

破軍星在五行屬陰水，代表的是腎臟、泌尿系統，就會跟膀胱問題比較有關。所以當你命宮坐在破軍星或是疾厄宮有破軍星，就要特別注意這些問題。

不過破軍星影響的狀態又會跟其他星不太一樣，原因是破軍星是化氣為耗，所以當它落在哪一格時，那一格就會有消耗的特性。例如說破軍星坐命宮的人，往往會停不下來，賣命工作，消耗自己的身體。若是在疾厄宮就會變成你的肉體越來越不好，例如氣血循環越來越不好，這些都是破軍星代表的消耗性特質。

● **人物形象**（參考：父母宮、兄弟宮、夫妻宮、子女宮等）

破軍星的人物形象是叛逆、開創的，簡單來說就是失控，

又容易喜新厭舊。他雖然有毅力，但這毅力不是用在堅持做一件事，反而用在想盡辦法要突破，然後投機，這些都是破軍星人物尋找的樂趣。這類讓大家想不到，要打破既有規則的部分，也顯現破軍星是比較異於常人的。

另外，破軍星化氣為耗，所以他在的格子裡，都會將那格子的狀態慢慢消磨耗盡，到最後都會慢慢消磨殆盡，例如在父母宮，就是你的父親會比較失控，慢慢一直消耗著他自己；在夫妻宮就是你們的感情狀態，會相對來得異常，並且緣分會越來越薄，不一定會離婚或分手，只是開始的時候，往往是三分鐘熱度，但到後面續航力不足。

● **事件形象**（參考：財帛宮、田宅宮、遷移宮等）

破軍星放在事件形象，常有創新、破壞、消耗、多元、投機這類的字詞。

例如在疾厄宮，會發現這個人的身體容易忽胖忽瘦，破軍星的人一般也比較喜歡運動，所以他們肉體上通常會有顯著的改變。如果是落在財帛宮的人，那就是錢財上的變化會比較大，通常錢財都會是大進大出，而在官祿宮，則表示工作容易需要具備破壞、創新的性質，換句話說就是需要破壞後重建再造，打破現在的狀態後，再重新加東西上去。所以我們常會說，要看一個人適不適合創業，就要看破軍星在官祿宮的年份，那時候會最適合。通常破軍星在命宮的年份，都會有一個

比較大的改變，但前提還是要看本質是不是適合創業，如果說是機月同梁格，再加上當時社會局勢不鼓勵創業，即便官祿宮坐破軍，也不一定會去創業，頂多是工作上會有些變動。

另外一個大家很關心的，能不能減肥，其實也是看疾厄宮或流年有沒有走到破軍星，有的話就有機會瘦下來；當然流月走到破軍也是屬於適合減肥的月份。

你可以試著對應自己命盤上破軍星的年份，去看看是不是每逢破軍星坐在流年命宮的那年，都會是你命運有比較巨大變動的一年。

◆ **貪狼星**〈關鍵字：慾望、桃花、變化、應酬、娛樂、宗教〉

來到殺破狼的最後一顆，貪狼星。貪狼星通常代表的是慾望，另外也是解厄之神。為什麼是解厄之神，首先是貪狼星會吸掉兩個煞星：火星跟鈴星，通常火星跟鈴星與貪狼星坐在同一格的時候，這兩顆星星會變成是加強貪狼星「好」的特質，而壞的特質會不見。複習一下，火星跟鈴星這兩個組合，都具有瞬間爆發的特性，放在這同樣凸顯突然爆發的特性。有一種格局叫火鈴貪格，不論是火貪格、鈴貪格都有爆發特質，所以人生有暴富機會的，通常都是火星、鈴星加貪狼星。

另外貪狼也稱為禍福之主，因為貪狼星代表慾望，所有的好處通常都是因慾望而來，壞處也同樣是慾望來的。所以當貪狼星是好的，大多數你的慾望就容易伴隨著好事，但如果都是

煞星，結構不好的狀況，就會讓你所有的慾望伴隨著煞星，變成負面狀況。

這邊用比較多篇幅在介紹，就是因為貪狼星比較特別，他連五行都有兩個，一個是陽木、一個是陰水。當貪狼星屬陽木的部分，就會跟肝臟有關，屬陰水就是跟腎臟有關，再來是貪狼星在健康上也和肌肉、皮膚有關，當貪狼星坐在命宮或疾厄宮，就容易有皮膚或肌肉的問題，加上五行影響，肝臟跟腎臟也易有狀況，這些都是貪狼星的特色。

另外貪狼星化氣為桃花，因此貪狼星也被人說是桃花病，當貪狼星坐命宮或疾厄宮的人，容易有性病，或是跟生殖系統、腎臟系統有關的疾病。

● **人物形象**（參考：父母宮、兄弟宮、夫妻宮、子女宮等）

貪狼星的人物形象，代表的是桃花、才藝、交際、娛樂、圓滑、貪慾、嗜好。

貪狼這顆星同樣可以從字面上拆解，代表在人物形象上，他們什麼都貪，貪愛情、貪親情、貪錢財、貪名、貪利，當貪狼星在父母宮或是在兄弟宮，代表對應的這些人慾望是無限的，如果在夫妻宮是貪狼星，就代表你在感情中，容易找到這樣子慾望比較強烈的對象，或是以同樣邏輯來看你自己，你對感情也會比較貪婪，會更加貪求這件事情。

●事件形象（參考：財帛宮、田宅宮、遷移宮等）

桃花旺是貪狼星最為明顯的一個特質，另外也具有藝術、桃花、明搶、慾望跟起落。因此當財帛宮有貪狼，代表你對錢財的貪婪度比較高，或是會與易有桃花的藝術有關。

若是在官祿宮也是一樣，尤其當你的貪狼星加了很多煞星後，整體結構會變成對某種專業技術狂熱，例如貪狼加擎羊，可能就投入在某種專業技術中，而因為貪求某個技術，會展現出衝動、迫不及待這類型特質。

貪狼星的事件形象中，還有一個是神祕事件，不過是跟玄學、法術比較有關聯，跟神不一定有相關，或是跟求神比較有關。他們會一直研究各種求神的方法，並且希望能從中得到利益，另外貪狼星的錢財是明搶類型，我們前面提到破軍星在財帛宮，是以創新得財或是買賣得財，但貪狼星的財一定是用搶來的。他做事一定不會選做藍海市場，而是要做紅海市場，如果他是火貪格，一定會在紅海市場裡面取得一個很特殊的份量，把別人做的生意挪給他，這些都是因為貪狼星影響的特色。

另外，貪狼星也掌管起落，因為貪狼星主橫發，同時也主橫破，當你命盤結構裡的貪狼星跟火星、鈴星在一起，或又加了很多煞星，通常就會忽然間爆炸，你可能是忽然賺很多錢，也有可能忽然錢全部噴光，這種大起大落的爆炸都是有可能的，也就為什麼我所用的詞是「爆炸」而非爆發，是這樣的道理。

◆ **廉貞星**〈關鍵字：廉潔、外交官、官非、癌症、不屈〉

介紹完主桃花星的貪狼星，這邊介紹的廉貞星則是次桃花星，這是因為廉貞主要是精神上想法的桃花，和貪狼星這種肉體上的有明顯不同。

廉貞星的五行屬陰火，因此廉貞星坐命或疾厄宮的人，一般來說心臟容易不好，同時廉貞星也代表紅色，代表血，容易有血液的病或遺傳病，另外要注意的是廉貞星主癌症，這是因為血病往往會延伸成腫瘤，所以要特別注意。廉貞是化氣為囚，因此廉貞星的人，往往會自己把自己困住，他們會有些自己不退讓的堅持，且當下會有很多想法在腦中轉，卻不一定會說出來或做出來，有時候會說這類的人比較矜、比較悶，會有許多奇怪的堅持。

● **人物形象**（參考：父母宮、兄弟宮、夫妻宮、子女宮等）

廉貞星在人物形象上有：幽默、感性、吃醋、敢愛敢恨、愛面子，代表這個人通常比較體面，因為愛面子的關係，會維持表面的良好，非常體面，所以通常廉貞星的人都會適合做外交官，另外也是受到愛面子影響，他們往往會隱藏自己真實的想法，只會說比較表面該說的話，另外他們都是比較幽默的，也愛吃醋。在落入各宮位時，有吉利的星就會帶來正面的影響，煞星則會加重凸顯反面影響。

● **事件形象**（參考：財帛宮、田宅宮、遷移宮等）

廉貞星也與第六感有關，有些人會說廉貞星是鬼星，這邊說的是自然中的，也是神祇，或是薩滿，這類自然的神明。廉貞星的感應力會比其他人來得強，所以常聽人說五鬼運財這類的，就會和廉貞星有很大的關聯，但要注意是廉貞星容易有官非，容易在法律上發生衝突是非。

前面說到廉貞星是精神桃花，所以當流年夫妻宮走到廉貞星時，往往容易有精神性的桃花出現，就是柏拉圖式的感情，彼此之間不會真的發生什麼關係。

◆ **天相星**〈關鍵字：善、權力、宰相、因人而貴、受環境影響〉

天相星代表連結，因為這顆星形象是宰相，也可以想成是連結皇帝跟財庫的人，這樣的特質別名又叫媒人星。

天相星五行屬陽水，化氣為印，屬水代表腎臟，泌尿系統容易不好，加上代表連結，所以會和傳染病有關，還有接觸性的疾病也會有關，或是關節問題，因為關節是連接處，只要連接處都會容易有問題。

化氣為印的「印」，是指蓋章，古時候蓋章就會和決策有關，所以天相星如果不好就會導致這個人蓋錯章、做錯決定，也容易與法律問題有關。天相星是一個媒人星，也是非常受環境影響的星星，它的定性很不穩，會依據周遭環境的不同進而影響。

你可以想像是爛皇帝對好宰相的方式，跟好皇帝對好宰相的方式，絕對是完全不一樣，另外這個宰相有沒有給力的手下，也會有影響，因為宰相不太會自己做，都是靠底下人幫他做。

● **人物形象**（參考：父母宮、兄弟宮、夫妻宮、子女宮等）

天相星的人物形象是仲介，因此在落到父母宮、兄弟宮或是子女宮時，一般來說你們相處都不會太差，加上它主要受環境的影響，只要環境沒有太差，你們性質的狀態就相對是穩定的。夫妻宮在天相時，同樣也是相對穩定，只是一樣會受環境影響。

由於宰相是服務於皇帝，所以天相星其實是個服務星，所以天相星也代表大多數服務業，就是替你服務，讓你體驗更好。在以前，講到天相星做服務業，若天相星桃花很重、煞星很多，有些會說天相星容易落入風塵，但換到現代來看就不一定。這是因為時代不同，用現代眼光看，天相星反而不少是營運長，算是二把手、輔助的角色，套用在大企業裡，就很符合宰相的形象。天相星還很挑剔，他們重外表，重衣食，對很多事情都比較挑剔。

● **事件形象**（參考：財帛宮、田宅宮、遷移宮等）

我們說天相星的人物形象是仲介，關鍵字詞還有服務，所

以在事件形象上，天相星的人容易受旁人影響跟聽從。當天相星落在財帛宮，會代表你賺錢方式與服務人、接待、連接有關，至於錢多錢少就是受到環境影響而定，與你所做的決策反而沒有重要關係。

若官祿宮坐天相的人同樣會做服務別人、連接別人的工作，工作上也是容易受到旁人的影響。

天相星受人影響的特性，當它落在命宮的時候，你這一生的好壞很多時候都是被別人連累的，其實跟你自己的決定沒什麼關係，很容易產生身不由己的強烈感應，這都是天相星的一個特質。

◆ **太陽星**〈關鍵字：外族、公眾、傳播、管人、男性、貴〉

接著是另一顆中天星系主星，太陽星。太陰是代表月亮星，這顆相對容易看出來，它就是代表太陽的星星，同時太陽星也代表官祿主。

太陽星在五行上屬陽火，太陽代表心臟、視力、頭部，因為太陽代表頭，所以這些跟頭部、心血相關的疾病就會比較需要注意。另外太陽化氣為貴，加上陽火象徵陽性，所以會跟男性疾病比較有關，如果是你男命，坐命太陽，就代表是你自己或父親，如果是女命，則表示父親、丈夫及兒子，所以你和這三個都不會太好。

例如說父親，可能你跟你爸的關係屬於聚少離多，如果你

是女生，可能也會跟老公的關係不是特別好，子女關係也是同樣邏輯。

● **人物形象**（參考：父母宮、兄弟宮、夫妻宮、子女宮等）

太陽星的人物形象包含有：受注目的、陽光的、熱情、無私以及強勢，無私會出現在這顆星是吉星的時候，若是煞星比較多時，負面情緒則會比較多，就會出現相反狀態，屬於自私、重外表、愛面子。前面說到，太陽化氣為貴，貴氣也是屬於在吉利的時候會顯現，煞星多就不一定。

太陽星落在父母宮，因為太陽星可以用來回推到你自己的父親，通常你父親會像太陽照顧大家，不過跟天梁星的照顧不太一樣，因為太陽是無私照耀大家的，所以他的照顧方式也比較屬於這種感覺，不是一直看守著你。落在夫妻宮的時候，你的另一半很有可能與國外有關，可能是外國人，或者是在國外工作、讀書。

● **事件形象**（參考：財帛宮、田宅宮、遷移宮等）

太陽星的事件形象代表著公眾性質，包含名聲、貴氣、國外領導等，當太陽星落在財帛宮，表示你的賺錢來源容易跟國外有關，或是社工也是屬於跟公眾性質有關。官祿宮也適用相同邏輯，或是說你做事情可能跟電、能源有關，因為太陽也代表電。另外，因為太陽星比較貴氣，你的工作也通常比較有地

位，例如媒體這類型，大家看你就像是看到太陽，看到光一樣。

◆ **武曲星**〈關鍵字：財、金融、剛毅、孤〉

接著來說說武曲星，這邊來講是財帛主屬，也就是五行屬金，代表的是肺、骨頭，等等的問題。至於化氣為財，代表武曲星會直接跟錢有關，而武曲的錢就是得身體出力才能賺到錢。另外武曲主孤寡，所以通常與他人間的感情，一般來說沒有那麼好，也就是比較「孤」。

● **人物形象**（參考：父母宮、兄弟宮、夫妻宮、子女宮等）

武曲的人物形象，主要是剛硬、不解風情、執行力強。其實武曲星的人特色就是很會賺錢，也很努力賺錢，因為他們喜歡錢財，為了賺錢會拚到底。當武曲星落在父母宮或是兄弟宮時，你就會感受到爸爸媽媽或是兄弟姊妹是很喜歡賺錢的。大多有這項特質的人，比較不容易親近，因為他們不解風情就不會浪漫，如果武曲星落在夫妻宮，代表你的感情就比較孤寡，因為他太想要賺錢了！

● **事件形象**（參考：財帛宮、田宅宮、遷移宮等）

以事件形象來看武曲星，首先要先知道武曲代表錢財、短慮，加上武曲星很想要賺錢，所以想事情不會想太遠，並且要

能親力親為。另外還有固執跟金屬，財帛宮在武曲星的人，一定每天都身體力行去賺錢，而這種人的理財方式，和太陰那種積累錢財是不太一樣的，官祿宮在武曲星，工作一定是自己馬上做，他不會推給別人。因為這樣，他非常願意自己去實作，來解決眼前的問題，這些都是武曲星的特色。

◆ **巨門星**〈關鍵字：口舌、研究、是非、負面變動、暗處〉

有人說，巨門星像是很大一道門遮蔽陽光，有時候像山洞一樣深不見底。巨門其實是一顆暗曜，意思是所有星星跟它在一起的時候，負面性質都將被放大，因為亮度會被吃掉。用舉例方式來說，像是前面提過天同星代表小孩星，小孩有天真享受的形象，反面也有任性與情緒化的形象。當天同星跟巨門星在一起的時候，巨門星會吃掉天同星的亮度，讓任性、情緒化的負面特質被放大。所以天同巨門在一起的時候，這兩個雙星性質會呈現，理想性質很重，很有信念，不會管其他人說什麼，就是想做自己想要做的。

同時，巨門星還是一顆溝通不良的星，說話很容易遮蔽別人，因此會產生一種理想性質很強，就算別人不懂，自己仍會堅持。

巨門星在五行屬陰水，化氣為暗。嘴巴、耳、鼻、喉，都會跟巨門星有關，因此巨門坐命宮或疾厄宮時，耳鼻喉不會好，腎臟也不容易好，另外泌尿科也是。而化氣為暗，也就是

巨門星會吃掉那格子中星星的亮度，主是非、隔角煞，常有人說巨門星算凶星，不吉利，但其實並不一定，只能說性格是這樣，並不代表一定是負面的，也不是流年遇到巨門星就會倒霉。

● 人物形象（參考：父母宮、兄弟宮、夫妻宮、子女宮等）

巨門的人物形象是口舌辯論是非，記性洞察。巨門星是屬於黑暗的，可以直接看透別人內心，甚至看得很深，然後很容易收集東西，記性很強。當巨門星在父母宮，就代表你跟父母一定容易吵架，因為巨門星喜歡去遮蔽別人的陽光，會激發別人的負面性，說起話來容易惹人厭。兄弟宮或夫妻宮也是一樣，容易吵架及溝通不良。有些人覺得巨門帶給人距離感，然而巨門的人因為很會洞察他人內心，所以說話還會直指戳到別人的心裡，造成別人不舒服。

● 事件形象（參考：財帛宮、田宅宮、遷移宮等）

巨門星的事件形象和嘴巴有關，代表隔閡和收納，當巨門星在財帛宮，往往工作賺錢方式就跟是非有關，會有口舌爭吵或是要一直說話。或是說他所從事工作的本質，具有收集特質，例如要收集很多資訊才能賺到一筆錢，同樣官祿宮有巨門星，大部分工作也是跟說話有關。

另外，巨門也代表通道，所以有可能工作是和通道有關。

例如從事和地下水道、隧道有關，都符合巨門代表通道的意味，要是你剛好是雙星，還加了天機星就更準確。因為天機星代表交通。如果在田宅宮，家後面就會出現水溝之類的，這些都是巨門星遇到事件的特色形象。

2023 生肖開運風水
提示解析詳盡版

　　2022 年又是籠罩在疫情中的一年，另外變動也特別多。因此看到這裡，不論是新讀者、老同學，都要恭喜你們平安度過了 2022 年。不過緊接而來的 2023 癸卯年，變動不但沒有更少，還會更大，所以大家一定要提早做好萬全的準備，才能讓自己的運勢達到趨吉避凶。接下來就分別以 12 生肖來講述 2023 癸卯年的運勢解析。

屬鼠的同學
(1924、1936、1948、1960、1972、1984、1996、2008、2020)

◆ **整體運勢**

　　屬鼠的運勢，因為有天機星跟祿存星坐在命宮裡，意味著你在 2023 年會是比較變動的一年。天機星代表動腦，類似軍師運的一年，而加了祿存星之後代表「動腦就會有錢」，同時間還有紅鸞星及咸池星在一起，也會是桃花比較旺盛的一年。

以命宮的三方四正裡面來看，化科跟化權、文曲星跟左輔星也進來，會是有錢、有權、有名，又有貴人的一年，看起來是相當不錯的一年喔。

◆ 夫妻宮（感情）

太陽星跟右弼星和文昌、文曲星都有在夫妻宮，當左輔右弼、文昌文曲都進來的時候，代表著你感情運的能量是很強的，會造成你容易進到三角戀，或是四角戀之中。另外太陽星跟太陰星對坐，代表著日夜顛倒，所以你遇到的對象容易是跟海外、遠方有關的人。需要特別留意感情的問題，是因為有鈴星這顆煞星，它所代表的是「潛在的問題」，可能是溝通不良，或是有一些問題還沒有解決，在最後忽然爆發，導致感情出現溝通困境。

◆ 財帛宮（財運）

天同星跟天梁星正坐，因為天梁代表老人星，天同代表小孩星，就代表著你的財路容易有兩條，一條跟老的有關，另一條跟年輕的有關。結合三方四正的結構以後，有左輔星、祿存星和文曲星在裡面，中間加上太陰星化科，本質上代表你的財帛宮，等出名、有才華之後就賺到錢，雖然祿存星不算是一顆特別旺的財星，但還是會有錢的，所以整體財運我覺得還行。不過要特別注意，它暗合了貪狼星化忌，所以桃花會成為你錢

財上的暗耗。可能檯面上你有賺到一些小錢，有一些財路，但私底下卻為了桃花而花不少錢。

◆ 疾厄宮（健康）

　　屬鼠的疾厄宮是天相星，它會受到兩旁星星的影響，尤其是受巨門星的影響很大。天相星裡面有化權進來的力量，加上本身的對宮有擎羊的力量及破軍化祿，所以整體健康上要注意的是：第一，跟關節有關的疾病。第二，因為天相星代表連結，有關傳染性疾病也要非常小心注意。另外對宮有擎羊星，因此在遷移出外時也要特別注意，會容易有些挫傷的問題。由於貪狼星化忌會間接的射到，所以不管是旅遊出問題，還是關節出問題，都可能是跟異性有關。假設你發現自己已經有點不舒服，旁邊又有一個異性，真的就要小心一點。

◆ 官祿宮（事業）

　　屬鼠的官祿宮是太陰星化科，三方四正、左輔右弼、文昌文曲及祿存全部進來，代表是工作運很強旺的一年。其中太陰星化科代表的是出名，太陰星代表累積，可能是你累積已久的技術終於被看見，另外太陰星也代表女性，也有可能是你在女生之中，變得特別的出名。其中有趣的地方是鈴星這顆煞星，暗合了一顆火星，意味著你有火星及鈴星都屬於火光很亮的時候，然後加上化科，整體來說就是出名的一年，加上工作運很

旺，會讓你非常的出名。因此屬鼠的你，如果從事需要站在前臺的工作，相信是會有所收穫的一年。

屬牛的同學
（1925、1937、1949、1961、1973、1985、1997、2009、2021）

◆ 整體運勢

屬牛的運勢，2023 年整體來看，因為命宮坐著紫微、破軍跟擎羊星，當紫微破軍坐命宮的時候，一般來說是「容易被選中」的運。換句話說，就是你會做一些出眾的事情，讓大家感到很驚豔，所以是有點「意外出頭」的一個運勢。這個結構裡面比較有趣是，因為今年的破軍星化祿，意味著破軍星的能量會蓋過紫微星的能量，可以想成是，破壞成為主軸，皇帝被壓下來，就由你來主導新的改變，或是新的破壞而前進。好在破軍星化祿，讓破壞會是好的，你每一個主導的改變，也都會為你帶來收入。

另外要注意有擎羊星在，導致當你做這些決定的時候，看似顯得過度衝動。很多事情也會因為你沒有計劃好，變得很容易出錯。另外還有一顆天姚星在裡面，當這顆星在的時候，就代表你容易因為野桃花受傷。因此屬牛的朋友，在 2023 年你會有很多事情進行一半，中間就被迫要停下來，還會有很多野桃花來破壞你正在進行中的事情，留意你的過度衝動，否則這

些事情去干擾你本來的地位跟名聲，你的貴氣會因此被消減。不過你的行動力會是加強的，所以改變都是對的，最重要記得「不要爛尾」，這點很重要。

◆ 夫妻宮（感情）

屬牛的夫妻宮，是陀羅星正坐，陀羅星正坐的情況下是空宮，然後對宮被貪狼化忌給射到。基本上這宮位比較慘，原因是夫妻宮本來就和感情有關，當貪狼星化忌沖進來的時候，就代表桃花煞是從外面沖進來的。不是你去找才出問題喔，是從外面進來直接攻擊你，而攻擊本來都是很快的，卻有顆會拖很久的陀羅星在，代表事情會拖特別久。在紫微斗數裡面有個格局是「風流彩杖格」，這就是貪狼星和陀羅星揉合在一起的時候會造成的，因為風流、桃花或色情等等問題受到懲罰。因此屬牛的朋友在 2023 年，切記要避開任何的異性，千萬不要有任何的機會讓他們靠近自己，否則延燒非常久你也會非常痛苦。

◆ 財帛宮（財運）

有武曲、七殺跟火星坐在財帛宮裡，武曲本身就是跟財有關，加上武曲七殺都屬金，七殺星則跟執行有關，兩顆都是很剛硬的主星，遇到火星加進去後就會產生有趣的現象。我們知道火燒金屬，是會發光和雕塑的，因此這就代表你在錢財上面

會花得很快，火燒金子嘛，你的破財能力會變得很大。武曲星加火星三方四正裡面來看，加上又有擎羊星、貪狼化忌，因此同樣會因為異性而破財，也屬於衝動花錢的那一類，整體的財運可以說是偏弱，即使有破軍星化祿，它可以代表你的錢財能透過賣東西得到收穫，但同時間會存在「不滿足」的問題，又是火燒鈔票的跡象，從整體來看並不是一個好的財運，簡老師建議大家盡量保守為上，避開突發性的花費。在 2023 年，很容易因為破軍星要賺錢，就去賺來一筆錢，沒想到因為某個異性讓你賠了夫人又折兵的賠錢，所以各種理財建議都要保守為上。

◆ 疾厄宮（健康）

　　屬牛的疾厄宮裡有天同天梁坐在裡面，算是相對好的一個結構。天同是福星，天梁是蔭星，所以福、蔭在身體上的毛病不大，一般來說會有爽病，通常指的是糖尿病，吃太好或發胖的這種都叫做爽病。暗合了貪狼星化忌，所以表面上毛病不多，但私下可能會有一些隱疾，容易小病不斷大病不患，隱疾會是跟性病、肝病等等比較有關，也有可能是一些皮膚病但是看不見。當出現這些問題的時候，就要注意這都是貪狼星所引起的，一定要好好養肝。

◈ 官祿宮（事業）

　　屬牛的官祿宮，是廉貞貪狼星加天鉞星，還有天馬星組合在一起，以及貪狼星化忌。當廉貞、貪狼星加化忌的時候，就意味著你會處理非常多與法律、美學、桃花相關的事情。換句話說，你在工作上會處理非常多桃花、異性有關的事，並且會讓你很不爽。天馬星代表奔波，你可能會有很多其實沒那麼想做的事，或是你想做卻做不到的事，於是你既不開心做這些，又得要四處奔波。而這些事還會跟年長的女性有關，比如說一位年長女性分配下來的任務，這些任務又是你覺得做起來「哇！真的很難」或讓你很不想做，也有可能是做不到你要的樣子，這就是你要跨過自我這一關。

　　不過呢，你的巨門化權跟太陰化科夾了貪狼化忌，代表你是很有資源的，你可以取得很多人的期待，拿出很多好的做法，隨著也會有很多貴人出來幫你解決問題。只是你自己對於作品會有很多執著，加上困境和發展太快，快到你自己會覺得「好像沒有辦法穩住它」、「有點失控了」，導致你的工作上產生很大的變動，不過放心，正是因為貴人很多，不用太擔心。

屬虎的同學

(1914、1926、1938、1950、1962、1974、1986、1998、2010)

◆ 整體運勢

屬虎的運勢，由於 2023 年的命宮是空的，因此要從對宮天梁天同星來看。同梁來照其實是福蔭來照，會是比較有福氣的狀態，但問題在於，你知道人在太有福氣的時候，就會有大大小小奇怪的鳥事，這些事往往是來證明你能夠化險為夷。整體上有右弼文昌以及化權，還有鈴星都來到這個階段，右弼加文昌星代表女性貴人會比較多，所以 2023 年是一個鳥事不斷，但是你說話是會有人接受的，最後能夠化險為夷的一年。

◆ 夫妻宮（感情）

屬虎的夫妻宮裡，正坐著天機星跟祿存星，還有一顆紅鸞星在裡面，加上咸池就是桃花很強烈的結構。有了祿存星，三方四正又有左輔星的情況下，其實可以確定你一定會捲入三角戀。而有一顆左輔星，代表在三角戀裡面，就是會多一個男生進來，而對宮有一顆化權星，代表出雙入對，所以是 2、4、6、8、10 的情況下都是一再顯示有三人行的狀態，因此屬虎的人呢，在 2023 年你的感情運可以說是多彩多姿，的確能有機會遇到正緣的人，可是一定是從三人行中選擇你要的，這年遇到的對象通常也是屬於比較聰明的類型，有點錢但不會特別

的大方。

◆ 財帛宮（財運）

屬虎的財帛宮是太陽星、右弼星、文昌星跟鈴星坐在裡面，鈴星代表暗耗，所以你的錢財會莫名其妙的不見，三方四正左輔右弼文昌文曲，都有進來的情況下也表示幫你賺錢的人很多。可惜沒有代表財的祿，因此你操作錢財的能力會不錯，也會有滿多貴人幫助你，教你怎麼操作錢財，可是你的財源仍是比較有限的，就是因為沒有祿。也就是說在投資理財上，即便你操作得不錯，卻不會帶進太多錢財進來，收入沒有那麼多的狀況下，財運我認為算是中等、不錯，比持平再好一點的程度。

◆ 疾厄宮（健康）

屬虎的疾厄宮裡坐武曲七殺跟火星，這是典型會有骨頭發炎或是肺炎、肺部等問題，需要特別注意的。因為武曲七殺都屬金，同時這武曲七殺也代表僵硬，就是骨頭跟牙齒，這些都會是要特別注意，牙齒或骨頭容易會有發炎相關問題，當然牙齒跟骨頭本身不一定會發炎，不過相關對應的器官位置或是旁邊位置的，都有可能發炎，要特別的注意以及保養。

◆ 官祿宮（事業）

　　屬虎的官祿宮是巨門化權，巨門化權代表的意思是兩份工作，對宮有祿存也代表多一份的工作，因此你在 2023 年的時候，很容易有兩份主要的工作要向前進，有兩條財路來幫你賺錢，就表示你的正財有兩條。另外還有天喜這顆星在，當巨門化權加天喜星的時候，意味著你工作上面的表現是相對討人喜愛的，在整個三方四正裡面有右弼跟文昌星在，也意味著寫作、還有女性貴人的資源會滿多的，升官、有收入，因此整體來看，是不錯的工作運喔。

屬兔的同學
（1915、1927、1939、1951、1963、1975、1987、1999、2011）

◆ 整體運勢

　　屬兔在 2023 年的運勢，由於命宮是正坐在天府星上，天府星本來就是一顆善於分配的星星，因此天府星加天魁星就意味著你的結構是有點貴氣的，會有年長的男性提拔你，在運勢上屬於平平穩穩。不過這平穩中仍有很多的分配，潛藏你會有很多被連累的機會，因為很多事情不是你能決定的，但你卻要承擔結果。

　　我們說到逢府要看相，所以要來看一下天相。天相星有化權的能量，從整體性來看你容易得到權力，但是是間接的權

力。同時間有貪狼化忌射到以及破軍化祿進來，也就是你在分配的過程中，你會有間接的權力、間接的錢及間接的桃花煞。這些並不是出於你自己做了些什麼，才導致沒有辦法，因為它可能是從你分配的人裡出現的桃花問題，演變成你很辛苦，從整體運勢來看，屬於是「有所發展，但又有很多被連累的困境」狀態。

◆ **夫妻宮（感情）**

屬兔的夫妻宮是紫微破軍，以及擎羊跟天姚還有破軍星化祿。首先破軍星一路到夫妻宮，首要知道的是，你跟另外一半之間的關係，將會有很大的轉換。破軍星化祿，代表你們之間的轉換是好的，也許你們會有一些新的相處模式，而這模式本身屬於是比較高級的狀態，例如：可能會比較花錢。而有擎羊星，表示你們可能會有些衝突，這些衝突往往是因為改變才發生，還好有紫微星壓制住擎羊，因此運勢上都還行。

你的改變主要是往關係更好前進，所以有可能會吵架，但別擔心，基本上都會變得更好。不過中間有天姚星就比較危險，代表容易有野桃花介入，野桃花的介入會影響你破軍星跟擎羊星的性質，造成你跟另外一半的關係，會產生一些分割或是衝突，並進而造成傷害。這尤其在三方四正裡面特別顯著的，因為被火星跟貪狼化忌射到，又有暗合祿存伴隨著紅鸞跟咸池，代表你不只有明面的桃花，暗面的桃花也非常多，因此

千萬要注意潔身自愛。不要讓你和異性間的關係影響你的婚姻與感情，這樣都會出很大的問題。即使是單身的朋友，也要注意忽然多起來的桃花，同時要慎選對象。很有可能你表面上感覺桃花很多，但是這些發展很快的桃花，都不是正桃花，反而暗地裡那些大家比較不知道你們有來往的，讓你覺得關係不錯、聊得來的人，比較有可能是你要發展的正緣。

◆ 財帛宮（財運）

屬兔在 2023 年的財帛宮是，陀羅星正坐對宮是貪狼星化忌。在這邊我只能跟屬兔的人說，非常抱歉，2023 年你的財帛宮被貪狼雙化忌給炸到，只能用稀巴爛來形容了。奉勸完全不要期待 2023 年你會有什麼樣的財運，你只要能夠不要賠錢就是萬幸、阿彌陀佛了。再次提醒屬兔的你，2023 年不管在任何財務支出上，一定要盡可能的保守和穩定，由於貪狼化忌又帶著廉貞化忌，這種時候破財會跟合約文件有關，所以在處理與法律相關事務上，一定要謹慎再謹慎，才能避免自己破財，甚至有吃上官司的可能。

◆ 疾厄宮（健康）

屬兔的在 2023 年的疾厄宮，是正坐於太陽右弼文昌跟鈴星，正坐的情況下，太陽星跟視力和心臟就有關係。太陽星的位置落在戌位，所以會跟你的腰部有關，男生就是所謂的腎

陽，當然女生也會和陽氣有關，所以得要特別注意自己腎臟及心臟的狀況。另外有右弼文昌跟鈴星，整體來說主要就是與金、水相關，再三顯現和腎陽的部分有緊密關係。除了注意腎臟發炎的問題，因為鈴星代表火光，太陽也是代表光，但這邊提到的光都不太好，會跟看不清楚有關，需要特別注意視力上有沒有不清楚的問題等，建議多多留意與視力有關的一些健康問題。

◈ 官祿宮（事業）

屬兔的官祿宮有天相星，這是一顆代表連結的星星。所以你的工作很可能成為一個連接者，或是成為一個平臺，把大家放上來之後，大家把事情做好，在這中間你的天相星還有天魁星跟天鉞星的幫助下，你容易被一些政府或大的機構選中，他們會覺得你做得很不錯，加上巨門星化權進來，代表你有權力，所以有一種升官被提拔的感覺。另外對宮的紫微破軍化祿很強烈，你有可能突然被選中升官，讓整個人的狀態像是提升了一階，你變得很高階的時候，就要小心，因為同時伴隨著貪狼化忌在，意味著可能有爛桃花跟著貼上來。當爛桃花一貼上來，加上擎羊跟陀羅同時夾擊，哇！那真的是爛到極致的爛桃花，可以說是 2023 年的超級爛桃花，千萬千萬要注意。絕對不要因為自己升官或往上爬後，就有了大頭症，你要知道，你的權力不是你的，都是別人給你的。既然都是別人給你的，就

不需要太自傲，建議是遠離這些桃花會更好。

屬龍的同學
(1916、1928、1940、1952、1964、1976、1988、2000、2012)

◆ 整體運勢

屬龍的運勢，在 2023 年的命宮是正坐在太陰化科，加上左輔星、文曲星這三顆星。正坐太陰星本身是屬水的星星，文曲星也是屬水的星星，這兩顆屬水的星星在一起的時候，意味著桃花能量滿強的，不過這種桃花能量並不是戀愛能量，只是代表你的人緣狀態會不錯。然後化科，代表才華與名聲的曝光。當化科的能量和文曲星的能量結合在一起的時候，你的才華就容易會被看見。三方四正的結構裡，左輔右弼、文昌文曲祿存都進來的時候，全都是指向一件事——就是 2023 會是你很旺的一年。所以屬龍的你，在 2023 年整體來說，是貴人無數、能力突破的一年，之前許許多多的累積，都能夠在此時得到很好的發揮喔！

◆ 夫妻宮（感情）

屬龍的夫妻宮部分是空宮，對宮天同天梁，表示這是一個比較平靜且和諧的年份。反映在你的感情運上，也是平靜和和諧的。對照前面提過，天同代表小孩星、天梁代表老人星，所

以你遇到的對象既有年輕也會有年長的，但不一定是有情愫的，只是你們相處起來很愉快。那三方四正裡面，會看到有右弼星、文昌星以及化權星進來，代表你的感情中，特別容易多一個女生介入你的感情。不過整體來看，因為你的空宮裡是天同天梁星的和諧，所以已經是在愛情關係狀態的人，會滿和諧的；如果還沒在一段愛情關係中，屬於單身的人，則會遇到不少相處起來很舒服，但不一定要馬上在一起的人。

因為這裡暗合一個貪狼化忌的位置，代表明面上你自己覺得這段感情很和諧、很不錯，不過私底下會有許多的隱憂。這些隱憂本身可能的方向是，你覺得這些對象好像並不是如你心裡所想的，或是你會擔憂對方「能不能跟你結婚？」。綜合來說，我覺得桃花運不能稱得上強旺，但至少表面上是和諧的，也會遇到舒服的對象，至於能不能滿足你自己？或婚約能不能成功？我建議只要兩人先相處得來，整件事就等過到 2024 年再討論，如果你在 2023 年就想要趕快處理完，可能會「食緊弄破碗」換來人財兩失的局面。

◆ 財帛宮（財運）

屬龍的財帛宮，有天機跟祿存星在，另外有紅鸞咸池。這顆祿存星代表，你的賺錢財路會多一條。三方四正看起來也的確有化權，還有化科和左輔星進來，所以代表有貴人幫忙，暗合的部分也有一個祿，所以破軍化祿跟祿存都進來，當明祿、

暗祿都進財帛宮，表示你會財源廣進，所以 2023 年屬龍的財帛是不錯的！有哪些不錯的部分呢？像是明財，代表你是屬於靠著聰明才智賺到錢，或做一些與桃花、藝術有關的地方能賺到錢。而暗合，破軍化祿代表你做了一些小買賣，這些小買賣也幫助你賺到一些錢，所以財路真的是分為兩條，兩條財路都很通，所以財運很不錯喔！

◈ 疾厄宮（健康）

屬龍的疾厄宮，正坐了一顆陀羅星，因此在 2023 年代表是慢性病。貪狼星化忌跟廉貞星一起過來，這意味著慢性病會跟皮膚，或是子宮卵巢、攝護腺、性等等有關，總之會是跟桃花、生殖系統有關的慢性病。這些雖然比較困擾你，但還好都是慢性，只要緩緩的治療就可以了。不過你若希望這病在 2023 年轉好，老實說難度是有點高的，今年能夠控制住就算是不錯的了。

◈ 官祿宮（事業）

屬龍的官祿宮，是天同天梁星坐在官祿宮裡面，三方四正裡面有左輔文曲又有祿存，意味著工作上面鳥事會很多。天同天梁星代表就是鳥事很多，加上你有點懶散，被逼著不得不前進。不過因為有科、有祿，所以有名聲能夠發揮你的才華。賺到錢雖然不多，但因為暗合了貪狼化忌，就意味著你工作上發

展的事情是穩定的，大家都覺得你很不錯，即使鳥事很多，還好最終都是沒事的。不過其實你自己會知道，你有很多想做的事，只是私底下是一團混亂，宛如一堆爛攤子在底下等著你去收拾。所以 2023 年，在明面上你都可以解決，但反觀暗面裡，你仍會覺得鳥事很多、很混亂。

屬蛇的同學
(1917、1929、1941、1953、1965、1977、1989、2001、2013)

◆ 整體運勢

屬蛇的運勢，2023 年你的命宮正坐在廉貞貪狼化忌，這是關鍵受災戶。加上天鉞、天馬的情況，首先，如果你是男生，請遠離年長的女性。原因是天鉞星加貪狼化忌星一進來，年長的女生會讓你衰到不可思議。第二點，如果你是女生，就要很小心自己另一半的媽媽，也就是你現在交往對象的媽媽。因為天鉞星代表年長女性介入過來，或是一些年長的女性會搶走你的另外一半，這點要非常注意。另外有化權星跟化科星夾進來，整體的運勢其實是你無法滿足，但它會鞭策你不斷前進，加上天馬星也意味著你非常地奔波，因此你的 2023 一整年，雖然會倒霉，卻還是能夠前進跟發展，也許很多事都無法如你所願來達成，但 2023 年是讓你有所發展的一年。

◈ 夫妻宮（感情）

　　屬蛇的 2023 年夫妻宮是天府星正坐裡面，同時有天魁星，就代表是有年長的男性進來，干涉你們的感情，也有可能是你遇到一個年長的男性，進到你們的愛情之中。天府星代表的是穩定前行，整體來說，因為受到火星以及貪狼星化忌的攻擊，代表會有一些突發的桃花問題。的確會有跟年長男性有關係的桃花問題，所以會建議屬蛇的你，感情上盡量避嫌會比較好一點。不然年長的男性進來的時候，他往往會是扮演提拔你和管治你的角色，他若突然間發難，就導致你會在原本穩定的感情中忽然感受很大的壓力。

◈ 財帛宮（財運）

　　屬蛇的財帛宮是紫微破軍，加上擎羊天姚都在這個位置，其中破軍星化祿，所以你會有一些野桃花帶來的錢財。不過因為有擎羊，所以說這些錢財都會變成是非，再遇上貪狼化忌後，就成為「是非中的是非」，你也因此賺到一些是非之財。破軍星代表改變，因此你在錢財上會想做出一些變化，不過這變化又跟你的桃花有關，因此也會產生很多桃花方面的是非。雖然這些為是非之財，但有暗合一個祿存，就算有是非發生，仍舊能為你帶來滿不錯的收入。所以我的結論是，屬蛇的你財帛宮的財運還行，但因為是非有點太多了，可能會讓你沒那麼開心、會滿不爽的。

◆ 疾厄宮（健康）

屬蛇的疾厄宮是，天機星加祿存星正坐。一般來說祿存星正坐位置的時候，容易跟腸胃有關，而天機星的五行代表是木，就跟肝有關，加上有紅鸞咸池，紅鸞代表的是血，綜合來說就是要注意壓力太大造成胃出血，胃潰瘍或是胃部有一些血絲；因為祿存也代表腫瘤，也要注意肝上面是否有一些異常，或是腫瘤。天機星除了與肝有關，當然也代表支氣管、血管之類，所以有血管、血、腫瘤，甚至血管瘤都是有可能的，屬蛇的人真的要多多注意健康，因為祿存星在疾厄宮，又有天機又有紅鸞的情況下，並不是一件好事，有什麼異狀都是盡早檢查比較好，雖然沒有化忌就代表問題可能不大，但多多檢查總是安心。

◆ 官祿宮（事業）

屬蛇的官祿宮，遇到武曲七殺加火星坐在這裡面，外加有天魁、天鉞進來，意味受長輩提拔，工作上會有很多的機會出現，也會有許多長輩在看著你。武曲七殺代表的是屬於基礎的奮鬥和努力的付出，所以可以說 2023 會是你勞碌的一年，但你所付出的勞碌是會被長輩看見的，有機會就能夠平步青雲。不過，受到貪狼化忌跟天姚星影響，若你在發展的過程中有什麼桃花的問題，極有可能造成你功虧一簣喔！所以要特別注意自己和異性間的分寸界線。

屬馬的同學
(1918、1930、1942、1954、1966、1978、1990、2002、2014)

◆ 整體運勢

屬馬的運勢，在 2023 年巨門化權正坐在你的命宮，意味著這是你必須不斷說話的一年，而且你說的話也會越來越有權力，說服力亦會大增，我認為這一年，非常適合你為想完成的事去做溝通。同時間你的三方四正裡有祿存星進來，也有右弼跟文昌星進來，代表會有很多女性的夥伴來協助你溝通的方式，把你說的話落實下來。還有天喜星會進你的命宮，對於有計劃生子、懷孕來說是很棒，很適合添丁的運勢結構，因為這結構本身就是會添人口，加上天喜星正好代表喜事。需要注意的是，命宮有一顆鈴星在這，代表你可能會遇到一些事件，需要靠你說話的力量及你個人的魅力來把事情壓制下來。但壓制下來不代表潛在的危機會消失，所以一旦你發現壓制久了卻壓不下去時，這些就會像壓力鍋一樣爆開，因此鈴星的存在就提醒你，要注意炸鍋的問題。

◆ 夫妻宮（感情）

屬馬的夫妻宮，在 2023 年是太陰星化科，左輔右弼、文昌文曲加祿存全部進來，在這一年你很容易捲入多角戀之中。太陰星化科則代表，你可能有段隱藏的戀情就要曝光了，可能

你原本是地下戀情，忽然就被翻出來見光了，地下情浮到檯面上都滿糟糕的，你原本的感情勢必會出大問題。但如果你是單身，你可能會遇到比較有能力、有才華，而且很名貴的女性，女生的話則是會遇到比較陰柔的男性，總之會被這樣特質的異性深深地吸引，為他著迷，而跟這樣的人相處起來是非常浪漫的，由於你是屬於說話比較強硬的角色，他們會配合著你，所以屬馬的單身者，可以在 2023 遇到這樣不錯的對象。

◆ 財帛宮（財運）

屬馬的財帛宮在 2023 年是空宮，對宮是天同天梁星並且暗合了一個貪狼化忌。整體來說財運是不好的，因為空宮就代表財不穩定，加上暗合化忌進來的影響下，你的財運基本上是被破掉的。雖然天同天梁代表的是輕鬆小錢，讓你表面上能夠因為說話來賺取一些輕鬆小錢，可是私底下卻因為桃花的關係，你要破很多的財。所以盡量遠離桃花，就不容易破財啦！或是建議不要跟異性有太多金錢來往。

◆ 疾厄宮（健康）

屬馬的疾厄宮是紫微破軍跟擎羊星，另外還有顆天姚星，破軍星代表的是損耗，所以你可能會有一些虛耗的疾病。綜合 2023 年的運勢來看，因為你會不斷地說話，不斷地溝通，所以這就是暗耗你身體的一個狀態。另外疾厄宮有天姚也代表

有可能因色傷身，可能是你的性生活太過頻繁，造成身體撐不住。另外破軍化祿也有舊疾復發的問題，如果你有一些老毛病，在今年忽然爆發的機率是很高的，記得要盡早做好事前預防。

◆ 官祿宮（事業）

　　屬馬的官祿宮，在 2023 年裡面正坐太陽、右弼、文昌及鈴星。因此你的太陽、太陰呈現對坐，代表你跟海外很有關係，或是你的工作容易有日夜顛倒，還好有越夜越美麗的趨勢。因為你的太陰星化科，那左輔右弼、文昌文曲都進來時，就一定是吉利的結構，所以你的官祿宮運勢是很強旺的。另外你的官祿宮裡還有一顆鈴星在，同時暗合了一顆天魁，代表你會有被提拔的機會，雖然連帶會有潛在的問題，好在不用太擔心，因為你官祿宮夠吉利，工作的發展是非常不錯的。

屬羊的同學
(1919、1931、1943、1955、1967、1979、1991、2003、2015)

◆ 整體運勢

　　屬羊的運勢，在 2023 年時你的命宮正坐在天相星上，也就表示今年是連結的一年，你可能既像是一個平臺，也像是一位仲介一樣，不斷地在連結大家。首先是連結了巨門化權，你

會有一些很卓越的合作夥伴，而他們是有權力的，說話又很容易說服別人，在整個結構上，他們的能力非常非常的強。另外一部分，因為天同天梁星在另外一邊，你會遇到很和諧的老闆，你的三方四正也都是吉星為主，尤其是太陰星化科，即使遇到年長的女性夥伴在相處上也是非常愉快，可以說是很不錯的狀態。不管是上面主管的交代，還是下面新認識的朋友，都會是你的得力助手，身為連結的你，2023 年可以說是很順利的一年。

◆ 夫妻宮（感情）

屬羊的夫妻宮是貪狼化忌，加上對宮是空宮的情況下，讓貪狼化忌的能量變得很強，因此你 2023 年的感情運只能說非常之差。當然你還是會有遇到一些對象的機會，只是這些對象你都不太滿意。這是因為科、權夾著夫妻宮，造成你所遇到的對象，可能在各方面條件綜合下來看都很不錯，但他偏偏就不是你的首選。你會從客觀環境條件去看他，無論是他的工作運、他的財運或是他的背景等等，各種狀態來看，你都覺得不錯啊、好像是可以在一起的，但真的要你說「你愛他」，你又會覺得，似乎也還好。這種對象大多是讓你感覺在一起「好像還不錯」，但不會到讓你很滿意。另外這樣的對象還很有可能是你去遠方遇到的，或是變成遠距離的一段愛情，因此整體來說感情運勢是比較差的。

◆ 財帛宮（財運）

　　屬羊的財帛宮，是天府星正坐。前面說到你今年是呈現銜接的狀態，而天府星受到天相星的影響，在連結或是銜接來說，算是接得很不錯。以財帛宮顯示來看，有非常多的貴人幫你來賺錢，雖然不能說是強旺財運，至少會在穩定中前進。加上又能連結到很多不錯的貴人來幫你賺錢，算是一種輕鬆之錢。尤其是遇到天魁星，這代表年長的男性特別容易指引你一條明路，讓你財源滾滾。不過另一面來看，因為受到貪狼星的影響，異性也容易讓你破財，所以也要特別留意，大致上財運方面仍是屬於穩定的。

◆ 疾厄宮（健康）

　　在 2023 年屬羊的疾厄宮，恭喜你是空宮喔！所謂空宮的疾厄宮，可以說是最沒毛沒病的一年，而對宮是天同天梁星，一樣可以說相當棒的。因為天梁星代表跟醫療、治療有關，就算你有些小毛病，也是屬於有驚無險的，沒什麼大問題，身體算是滿健康的一年喔！

◆ 官祿宮（事業）

　　屬羊的官祿宮是陀羅星，這顆陀羅星基本上被貪狼星給射穿了。你所執行的每件事情，都會讓你覺得這不是你自己一人能施得上力氣的，要旁邊的人來幫忙才能做得好，因此會有種

「自己為什麼要在這裡」的心情，好像完成的事情，大都跟你沒有什麼關聯。不過不需要太過擔心，因為你今年的運勢就是註定要扮演「將大家接在一起的角色」；大家做得好，你就會跟著好。即便你感受到自己在事情上無法使力貢獻，覺得好像工作運不好，但換角度想，你爛不爛也無所謂，旁邊的人會幫你把事情做好，每件事就會在你有點莫名其妙的狀況下就解決了。

屬猴的同學
(1920、1932、1944、1956、1968、1980、1992、2004、2016)

◆ 整體運勢

屬猴的運勢，在 2023 年是天同星跟天梁星正坐在你的命宮。這種就是「鳥事一堆」的結構，好在都是可以逢凶化吉的，尤其還有一個解神這樣的小星星在裡面，代表你的直覺很準，能夠馬上解決問題。雖然還有一個大耗在，表示你會有所消耗，但大部分好在有天同天梁星，一切都會沒事的。另外也暗合貪狼化忌的正射，會容易有「看似表面沒事，掀開來其實事情一堆」的狀況發生，但因為表面都好好的，所以大家看你就覺得，好像都很順利啊、可以逢凶化吉啊，只有你自己內心知道你遭遇什麼鳥事，甚至多到讓你很痛苦。尤其這些鳥事都是很突然發生，這些狀況特別容易發生在年長的女性，她會忽

然對你產生壓制，一管你就讓你面臨一大堆問題的狀況。

◆ 夫妻宮（感情）

屬猴的夫妻宮是，巨門化權，在這個位置上又有天喜星，所以首先核心的運勢就是會有三角戀的問題，另外容易有添丁或者有添人口的狀態，容易有可能會生小孩的運勢。再來是巨門星化權，代表你會遇到一些說話比較有權力、比較權威式的人，所以地位上你會比較低，他比較高，讓你有種被人壓制控制的感覺，就不是那麼好過。從整體的三方四正結構裡面，又有右弼跟祿存，很明顯會有一個女生介入到你的感情中，但你的另外一半會叫你不准管，就讓你覺得很煩。造成這些問題發生的原因，就是來自於巨門化權的控制，所以建議你一定要調適自己的心態，去理解你自己喜歡的這個人，他本來就是屬於高高在上的或是比較權威的，你就都聽他的，這樣對你的感情發展會比較順利。

◆ 財帛宮（財運）

屬猴的財帛宮，在 2023 年坐在太陰星化科，另外有左輔加文曲星，所以財帛宮這格以三方四正來看，都是吉星一堆，有錢有財也有貴人，其實是很爽的狀態。你不管是錢財的問題、工作的問題或各種的問題，都會有人來幫你解決，讓你過得還不錯，滿舒服的。只是祿不夠多，且鳥事也有點太多了，

所以如果你自己能再積極一點，財運的表現當然就會更好。不過你光這樣就滿足了，導致你有點懶散懶散的，雖然懶散還是一樣能幫你賺到錢，唯一差別就是賺得沒有那麼多了。

◆ 疾厄宮（健康）

屬猴的疾厄宮呢，恭喜你了，是天府星坐在你的疾厄宮，這是一件超好的事情。因為天府星是代表一顆穩定的星星，另外加了天魁星，因為天魁星代表年長男生的疾病，或是一些老人的病，簡單說就是年紀大造成的胃病，沒太多其他狀況，小心腸胃就好。另外天魁星有時候也代表撞到，所以要自己注意有一些撞擊，可能會造成瘀青的問題，大概就是這樣。主要還是因為天府星在你的疾厄宮，代表通常不會有太多奇奇怪怪的疾病，2023 年是非常穩定的狀況。

◆ 官祿宮（事業）

屬猴的官祿宮是天機星跟祿存星，另外還有紅鸞星在裡面，所以你容易在工作上遇到心儀的對象，或是你的工作跟桃花很容易有關係。祿存星代表了兩份工作，所以你除了檯面上的工作，自己私下還有一份工作，但這兩份工作都跟桃花滿有關的，所以在工作上，你有很多表現自己的機會。工作上的桃花運很不錯，即使工作不斷地變動，因為三方四正裡面，科、祿、權都進來了，所以工作還是非常順利，就算你今年真的是

鳥事很多，工作上還是能夠順順利利地解決，得到很多的肯定，逢凶化吉。所以恭喜你，2023 年你的工作運很棒喔！

屬雞的同學
（1921、1933、1945、1957、1969、1981、1993、2005、2017）

◆ 整體運勢

屬雞的人在 2023 年整體運勢是，遇到武曲七殺加火星正坐在命宮。這意味著你這一年會是相當風風火火的一年，你得要很用力的去賺錢，做很多事情，因為大家都看著你，可是因為有顆火星在，所以你情緒很大、很容易發脾氣，算是需要硬幹的一年。但這邊說的硬幹，其實是好事喔，為什麼呢？因為你有天魁星跟天鉞星在，代表有年長的人會提拔你，你就很像是一把刀，會有個將軍來使用你這把刀，並將你發揮得很好，讓你能完成許許多多的事。不過呢，你的性格態度強硬，有時候會產生很多的衝突，這部分建議是盡量避免會比較好。

◆ 夫妻宮（感情）

屬雞的夫妻宮裡有天相星，代表你的感情運會容易受到旁邊的人影響，有很多人會想介紹對象給你。然後還有天姚星跟擎羊星的影響，導致你會因為衝動造成一些野桃花，這些野桃花來的速度都很快，再加上代表異常的破軍星和化祿的影響

下，你可能會有較為特殊的愛情關係。像是先有後婚，或是說你在一起的對象可能是再婚的，或者是明明你們在一起，但對外又說沒有，像這種千奇百怪的情況，都會發生在你 2023 年的感情運勢上，也可以說是一個奇怪的桃花運。

◆ 財帛宮（財運）

屬雞的財帛宮是，廉貞貪狼天鉞，再加貪狼化忌和天馬正坐在這一格，簡單說你的財帛宮，就是被整個貪狼化忌結構給引爆了。而你的對宮是空宮，又再借一次這爆炸的能量，所以貪狼化忌就變得更加堅強，可以徹底炸毀你的財帛宮。貪狼化忌意味著你在 2023 年的時候，異性對你破財問題造成超級大影響，建議你要慎選交往的異性，不然你的財運彷彿是拿火在燒鈔票一樣，瞬間燒起來，你的錢一眨眼就通通沒了。

◆ 疾厄宮（健康）

屬雞的疾厄宮是太陰化科，還有左輔跟文曲坐在這。太陰星一般指的是慢性疾病，加上化科，代表會發現一些你從來沒有的慢性疾病。加上文曲星後，基本上你的健康運勢會跟腎臟很有關聯，或是跟泌尿道很有關聯，所以建議你要多多觀察自己的腎臟跟泌尿道，因為可能過去沒有的，2023 年才會慢慢顯現出來。

◆ 官祿宮（事業）

屬雞的官祿宮是，紫微破軍化祿加上擎羊星和天姚星在這，表示你在工作上會有巨大的轉換。紫微破軍的能量催化下，使得你能被大家所看見，所以你會有個超級突破的行為。你可能會因為一股衝動打破了僵局，但因為你打破這個僵局的時候，很多事情其實你根本沒有準備好，又導致你很多願望無法達成。然後擎羊星在這，勢必會造成一些傷害，代表你做的過程中會傷害到很多人，所以你在發展的過程中算是快速又有效率的，所以是可以真正的達成一些結果。中間又有天姚星進來的時候，你有非常多表現自己的機會，所以 2023 年會是一個你被大家所看見的一年，同時也是快速進展的一年，只是在這過程中，產生的問題就會是得傷害跟得罪很多人，務必要記得好好處理這些人，免得他們變成你的後患。

屬狗的同學
（1922、1934、1946、1958、1970、1982、1994、2006、2018）

◆ 整體運勢

屬狗的運勢在 2023 年時，你的命宮是正坐在太陽右弼文昌鈴星的狀態，因此你的太陽跟太陰都是暗的，這叫做「日月反背」，這在古代來說，是比較多人不喜歡的格局，但以現代角度來說，日月反背表示你不用曬太陽就能賺錢，可以輕鬆賺

錢的一年。整體來說，你三方四正裡面左輔右弼、文昌文曲及科權都進來，但少了一個祿。所以你雖然工作順利，貴人很多，又能輕鬆就有錢，但這個錢可能並不多，因為並沒有顯著的祿在這個位置。但從整體角度來看，屬狗的 2023 年運勢還是非常吉利的喔。

◆ 夫妻宮（感情）

屬狗的夫妻宮是天同天梁星，三方四正是左輔文曲跟祿存，這表示你會有三角關係，而且會是多一位男生。另外這裡同時暗合了貪狼化忌，代表是你在 2023 的感情運，容易遇到桃花煞攻擊的問題。因此明面上你的感情好像沒有任何問題，但暗地裡其實有很多桃花，造成你感到非常煩。另外天同天梁也代表凡事會逢凶化吉，所以你的感情問題最後應該都會沒事，只是過程中讓你比較煩而已。

◆ 財帛宮（財運）

屬狗的財帛宮，是正坐在巨門化權的位置。巨門化權意味著有兩條財路，還有賺錢要一直說話，所以你就會得要面對必須不斷溝通的過程。另外對宮有個祿存，表示你會有兩條財路，從中間來看的話有右弼在，代表女生容易幫你賺錢，這樣看起來你的財帛運勢跟不斷地說話有關。簡單說就是兩份工，說超級多話，但會有女性貴人來幫忙你，但要注意因為還有鈴

星進來，一般巨門星很強的時候，就有小人出現，所以鈴星一進來這，就容易演變成因為你有些事情沒有溝通清楚，聽話的這個人就變成了你的小人。因此建議是有話好好講，凡事慢慢講，盡量避免製造出這些小人給自己啦。

◆ 疾厄宮（健康）

屬狗的疾厄宮正坐在廉貞貪狼化忌，再加天鉞和天馬的位置。當貪狼星化忌在疾厄宮的時候，往往會有突發性爆裂的疾病，這點屬狗的人都要非常注意，因為可能會是跟肝有關，或是皮膚有關的問題。例如你可能突發全身都是蕁麻疹之類的，或是你的肝臟受不了，忽然間就發生肝炎等等，都要非常留意。另外疾厄宮跟天馬星形成結構的時候，這些問題都容易是遠行所造成的，所以出外旅遊時，一定要非常的注意喔。

◆ 官祿宮（事業）

屬狗的你，2023 年官祿宮是空宮，空宮即意味著你今年的工作不是很穩定，另外暗合了貪狼化忌射進來，代表你的工作有一些鳥事，會因為桃花的問題而變得非常嚴重。其他你要特別注意的事情是，你本身的工作運勢，在 2023 年會是很多貴人相助，但你要低調做，才會做得很好，你高調做的話就會容易爆炸。總之，2023 年要格外的低調，如果你自己是在被大家關注的情況下，你又做得多的時候，你的工作反而是很不

穩定的，很容易一下就爆掉了，不過換作你低調做，穩穩做，讓大家都來幫忙的話，事情反而還會比較順利一些喔！

屬豬的同學
(1923、1935、1947、1959、1971、1983、1995、2007、2019)

◆ 整體運勢

屬豬的在 2023 年運勢，你的命宮正坐在陀羅星上，同時結合空宮的狀態，這表示所有事情都會變得很慢。然後陀羅星對宮有貪狼化忌射進來，代表你這一年不管是出外或在家，一定有「總是沒有那麼順」的感覺。另外，你也是桃花的重災戶，所以遇到的對象、異性一定會有很大的問題，其中又以法律的問題要特別注意。如果你有需要和異性訂定一些合約，這就非常容易出事。這些問題都會受到陀羅星的影響，延燒得很久，很漫長，2023 年是你會固執的一年，你可能會想著，凡事繞久總會出去，我告訴你不會！建議你最好快刀斬亂麻，免得你繞著繞著，繞進死路裡就只能原地爆炸了。

◆ 夫妻宮（感情）

屬豬的夫妻宮，在 2023 年因為是武曲七殺加火星，可以說是與桃花無緣。武曲七殺很剛硬，火星的則代表燒起來就結束了，所以即便你可能算有桃花，也是忽然間有，忽然間又沒

了，這也表示桃花都是很弱的。不過，遠離桃花你運氣也會比較好，所以就別想說要太多的桃花了。

◆ 財帛宮（財運）

　　屬豬的財帛宮，在 2023 年會受到天相星影響。天相星是屬於媒合的狀態，代表你今年的財運都跟媒合有關，可是你的三方四正結構裡面祿很少，只有對宮有個破軍化祿進來，這代表你的確可以因為媒合之後創造一些收入，可是更多時候，你賣東西的收入還比較好，但是偏偏又有擎羊星來破壞，因此你的財運不能說會太好。財帛宮還容易因為媒合一些事項後，被異性連累而破財，所以若有媒合機會，可以，只是千萬不要跟異性有關比較好。

◆ 疾厄宮（健康）

　　屬豬的疾厄宮，在 2023 年是巨門化權。巨門我們常說跟嘴巴有關，所以要特別注意耳鼻喉，以及牙齒的問題。化權代表的意思是集中，如果你有牙齒問題，可能忽然間不舒服，或是說你的喉嚨、鼻子、耳朵，忽然間感覺卡卡的，很緊，就是感覺不太妙，尤其如果你現在覺得有一點點感受，記得趕快就去看醫生吧！

◆ 官祿宮（事業）

　　屬豬的官祿宮，在 2023 年是天府星正坐。一般來說天府星代表穩定，坐在官祿上有天魁，三方四正還有天鉞，代表年長的長輩會提拔你，你也會很穩定。而且天相星具有權力的能量，當進到天府星裡面，你的位置會往上提升。可是如同我們講過，雖然會因為這樣往上提升，但受到桃花星的影響，如果你今年遇到有異性想要貼上來，工作就會因為這異性變得不穩定了。要記得，即使升官了還是要潔身自愛，不然的話很容易馬上就被長官掐住脖子，就從你的位置被調離了。

　　以上就是 12 生肖的 2023 運勢，由於 2023 年真的是變動超級大的一年，希望大家在 2023 年都能平平安安、順順利利，遠離桃花煞。

附錄四

《太上老君說月老仙師禳婚姻真經》

〈月老和合真經〉

爾時。太上老君，在清淨天上，大福堂國，長樂舍中。與飛天神王，真仙大聖，諸天帝主。聚集清淨天，老君光映萬天，仙樂自鳴。天花徧滿，異香飛揚。諸天諸帝，三界群真，雲集台下。作禮既畢，環拱座前，咸聽說法。時有五嶽獻花，四瀆貢寶。

是時，有一道人名曰至真，擎拳長跪，上白老君曰。見人世間，孤獨眾生，男無妻子，女無丈夫，尚未配偶，單身者多，陰陽失調，如何禳解？

老君曰：誦念月老，禳婚真經。眾仙稽首，答禮齊聽。

老君曰：世間男女，婚姻不順，種種惡因，皆是自身造惡所致，有因前生，有因今世，呵風罵雨，不敬神祇，瞞天昧地，褻瀆神靈，貪嗔嫉妒，惡口妄言，不孝父母，不尊師長，不知禮義，不明廉恥，奸盜邪淫，恣情縱欲，以榮為恥，以恥為榮。毀人財物，壞人聲名，淫人妻女，誘人丈夫，損人之

短，炫己之長，身在中土，信奉邪教，心念胡夷，譭謗大道，深信夷狄，辱罵聖賢，胡言亂語，罵神稱正，拋宗棄祖，不念人倫，致使星辰失度，運限滯留，陰晴不測，寒暑不調，乾坤劈破，天地崩裂，家庭不睦，夫妻不和。

豈不知人心即是天心，人心不古，天心不正。吉慶遠離，禍患相侵，孤鸞入命，寡宿同程，咸池沐浴，紅豔桃花，絞婚煞，破婚煞，重婚煞，離婚煞，隔婚煞，桃花煞。重夫煞，重妻煞。井水煞，三丁煞，八敗煞，孤寡煞。煞煞相隨，苦不堪言。

老君曰：吾自混沌之中，無始劫前，號曰元始天尊，創三十六天，三界十方九地，及萬千世界。創世之初，名曰上古，上古之人，人心淳樸，懷道抱德，不貪不欲，各足於身。但用至誠，即能得道；夫敬婦愛，以合陰陽，妻賢子孝，即合天心。下古之人，人心矯詐，惟求財寶，不識因緣，賤命重財，貪淫戀色，夫婦不睦，破國亡家，內懷萬惡，外結兇狂，相繼滅亡，未曾自悟。

吾憫眾生，分身下界，為度眾生，歷劫演化，隨方設教，教名不一，吾於東方，即立東方之教，吾於西方，即立西方之教，觀其習俗，因人施教，教人孝悌，以盡人倫，教人禮儀，相互恭敬，教人誠信，以明廉恥，教人仁慈，敬愛萬物，教人明理，以辨是非，教人守義，以盡忠心，教人智慧，能知取捨。法有千萬，得一是道，天下萬教，源歸大道。

吾勸後輩門人，不可己是人非，宗源一體，教化癡愚，不爭養福，不貪養祿，以儉養德，以仁養心，以敬養慈，以義養孝，以博愛養天下萬物。

若有正信男女，皈依道經師寶，信奉大道，供養天尊，孝順父母，合同六親，發心轉誦此經。三五十遍，千五百遍，踴躍懺悔，悔過消刑。

若復有人，得遇真經，無力修奉，可請道士女冠，或一或二，或三或五，就于宮觀，設立壇場，持誦月老禳婚真經，得聞妙法。棄惡修善，依經奉行。

老君曰：即有十界天官，滿空聖眾，賜福赦罪，消災解厄，廣大慧力，無邊法顯，濟民救苦。福應萬靈，宿世冤仇，乘福消散，百福千祥，居於家中，夫妻恩愛，家庭和睦，父慈子孝，老少安寧，疾病遠離，災難無侵。後世子孫，興旺發達，十相端嚴，人中顯貴。

是時，至真道人，心生哀憫，再拜老君曰，伏蒙老君，垂賜金言，為諸眾生，演說是經，懇請道君，恩准我等，將此真經，流布於世，利益萬民。

老君曰：善哉善哉。汝可宣揚此經，弘揚正教，福利無邊，普及眾生，永沾勝善。眾神稽首禮謝。即說贊曰：

男婚女嫁前世緣，姻緣合成好百年。
月老祠下雷令響，訂婚宮中角號鳴。

雷令響起角號鳴，禳婚解煞諷仙經。

謹請月老仙師降，引線紅娘坐堂中。

恭請壽星速下界，天禧星君降臨壇。

配偶仙官急到此，合和二仙來作證。

撥緣童子前引路，合婚郎君後邊行。

連枝比翼結合好，造就盛世樂太平。

今日兩姓聯成姻，必成千古留佳名。

情定終身結美滿，龍燭輝煌照花堂。

玉人交拜合千載，天配良緣髮齊眉。

互敬互愛家道昌，花燭成對人成雙。

人間至美姻緣事，夫妻恩愛好百年。

前途無量子孫昌，家呈瑞祥在廳堂。

諸大星君禳婚煞，和和美美百世芳。

至心朝禮，禳婚解煞大聖，合婚月老仙師。

至心朝禮，禳婚解煞大聖，合婚配偶仙官。

至心朝禮，禳婚解煞大聖，合婚合和仙師。

至心朝禮，禳婚解煞大聖，合婚天禧星君。

至心朝禮，禳婚解煞大聖，合婚引線童子。

至心朝禮，禳婚解煞大聖，合婚牽線郎君。

至心朝禮，禳婚解煞大聖，南斗六司星君。

至心朝禮，禳婚解煞大聖，北斗七元星君。

至心朝禮，禳婚解煞大聖，傍臨正照星君。

至心朝禮，禳婚解煞大聖，上宮九曜星君。

至心朝禮，禳婚解煞大聖，十二宮中星君。

至心朝禮，禳婚解煞大聖，本命元辰星君。

至心朝禮，禳婚解煞大聖，年月日時星君。

至心朝禮，禳婚解煞大聖，紫氣月孛星君。

至心朝禮，禳婚解煞大聖，消災解厄星君。

至心朝禮，禳婚解煞大聖，長生集福星君。

老君曰：吾今說法，普濟蒼生，利益萬民。以陰陽，闡述大道；以善惡，追尋本源。善升天堂，惡入地獄，善惡報應，出於言行，承負因果，自作自受。善惡之念，源於自心，心起於善，吉神擁護；心起於惡，凶神推波。天堂地獄，由此區分。是非禍福，由此報應。善信男女，辨明陰陽，區分善惡，皈依三寶。是道則進，非道則退。積德累功，慈心於物。忠孝友悌，正己化人，持奉真經。弘揚善法，既有紅鸞照命，天喜同行，月老牽線，佳偶天成，連枝比翼，琴瑟和鳴，此經言言滅罪，句句消災，字字解厄，行行賜福，卷卷合婚。諸般冤家，咒詛消除。禳解信士，男女某某（填入自己姓名）。

命宮行年有孤星。星辰逼剋婚難成。

歲煞刑沖婚不順，寡宿臨身心不平。

桃花入命婚多變，沐浴隔婚又濫情。

若遇羊刃重婚煞，婚姻幾次克不停。

勾絞離隔破婚煞，哭聲幾度到天明。

試問諸煞如何解，急急持誦月老經。

天喜星君散災厄，月老仙師繫紅繩。

引線紅娘來恭賀，配偶仙官到家庭。

五福星君賜福壽，恩愛夫妻共和鳴。

孤鸞寡宿皆消滅，隔婚凶煞逃出城。

桃花沐浴從此散，鸞鳳和鳴人恭敬。

家庭和睦多吉慶，妻賢子孝樂太平。

諸天吉神來擁護，起建玄壇諷仙經。

叩請諸神解災煞，千祥百福自天成。

訂婚宮中有災厄，月老仙師解消除。

相思宮中有災厄，配偶仙官解消除。

姻緣宮中有災厄，引線童子解消除。

婚姻宮中有災厄，合婚郎君解消除。

配偶宮中有災厄，天禧星君解消除。

本命宮中有災厄，白虎星君解消除。

財帛宮中有災厄，財寶星君解消除。

兄弟宮中有災厄，解厄星君解消除。

田宅宮中有災厄，吉神星君解消除。

男女宮中有災厄，牛郎織女解消除。

奴僕宮中有災厄，福祿星君解消除。

夫妻宮中有災厄，婚姻星君解消除。

遷移宮中有災厄，青龍星君解消除。

疾病宮中有災厄，天醫星君解消除。

官祿宮中有災厄，天官星君解消除。

福德宮中有災厄，福神星君解消除。

相貌宮中有災厄，寶相星君解消除。

信士宮中有災厄，本命星君解消除。

五音邪淫有災厄，五富星君解消除。

水溺火焚有災厄，靜平星君解消除。

血光產難有災厄，貴人星君解消除。

解冤釋願有災厄，解冤星君解消除。

冤家債主有災厄，集福星君解消除。

太上老君，說經以畢。祥光籠罩，辭別眾仙，身騎鐵牛，騰空離去。一切諸天上帝，三界十方眾聖聞說此經，皆大歡喜，信受奉行，稽首禮謝。即說咒曰：

乾男坤女，前世姻緣。月老仙師，配遇週全。

婦敬夫愛，相互包含。忠貞不二，恩愛綿綿。

尊老懷幼，子孝妻賢。幸福美滿，合好百年。

謹請 月老仙師 急急如律令勅。

瑤壇恭請和合來，從此兩小再無猜。

郎君拉著妻子手，妻子踏入郎君懷。

金童玉女兩邊排，引線紅娘道喜來。

月老天喜同恭賀，青龍白虎護家宅。

急急如律令。

〈月老仙師合婚寶誥〉

至心皈命禮

團圓月下。相思樹底。訂婚殿中。執掌天下之婚牘。

維繫千里之姻緣。慈眉一點。有情人終成眷屬。

紅繩一牽。逃不過三世宿緣。挂杖巾囊。奔波於煙霧雲霞間。童顏鶴髮，超脫於愛。恨情仇外。大聖大慈。大仁大願，牽緣引線。月下老者，合婚聯姻，正緣尊神。

〈和合二仙寶誥〉

至心皈命禮

雲階閬苑，和合仙宮，瀟灑怡然，聖道童心，嬉笑世間離散事，手執荷盒助團圓，神通廣大通三界，和合萬事遍十方，寶號宣揚，男女婚姻皆美滿，玄壇起建，營求利市可稱心，稽首禮拜，離別分釵能合鈿，燃香供養，分散破鏡可重圓，家和

而萬事全興，人和而百般皆順，大悲大願，大聖大慈，懷道抱德，和合萬事天尊。

月老功德，不可思議，人間男女姻緣籍，根根紅線繫，婚姻美滿，子孫永不息。

向來禮念諸功德，全賴慈悲為主盟。
仰瞻仙仗隱空玄，法部真靈常擁護。

〈召和合二聖咒〉

仰啟和合二聖者，語言和順救眾生。
玉佩玎璫霞靉靆，烏雲現處見雙身。
貌賽西施眉垂柳，體掛朱衣瑞氣噴。
香風吹異香，馥鬱香噴地。
腳踏金蓮步步生，手把帝鍾降障礙。
常生懼喜大慈悲，速速五方和合利市。
堵頭象鼻親引至，若人諷誦和合咒。
唵吽吒哩吽吒哩。二聖者速和合攝。

今逢良辰至，瑤壇集千祥。
星漢景雲睦，門庭喜氣洋。
霞帔引佳人，喜帕渡情郎。

新人登福籍，和合子孫昌。

迴向偈

願以此功德。普及於壹切。

誦經禳婚緣。消災解煞厄。

土地咒

經壇土地，神之最靈，升天達地，出幽入冥，為吾關奏，

不得留停，有功之日，名書上清。

向來誦經功德，上奉高真，下保平安，

賜福消災，同賴善功，證無上道，

一切信禮，至心稱念合婚聯姻天尊，不可思議功德。

《太上老君常說清靜經》

老君曰：

大道無形，生育天地；大道無情，運行日月；大道無名，長養萬物；吾不知其名，強名曰道。夫道者：有清有濁，有動有靜；天清地濁，天動地靜；男清女濁，男動女靜。降本流末，而生萬物。清者濁之源，動者靜之基。人能常清靜，天地悉皆歸。

夫人神好清，而心擾之；人心好靜，而慾牽之。常能遣其慾而心自靜，澄其心而神自清。自然六慾不生，三毒消滅。所以不能者，為心未澄，慾未遣也。能遣之者，內觀於心，心無其心；外觀於形，形無其形；遠觀於物，物無其物。三者既悟，唯見於空。觀空亦空，空無所空；所空既無，無無亦無；無無既無，湛然常寂；寂無所寂，慾豈能生？慾既不生，即是真靜。真常應物，真常得性；常應常靜，常清靜矣。如此清靜，漸入真道；既入真道，名謂得道，雖名得道，實無所得；為化眾生，名謂得道；能悟之者，可傳聖道。

老君曰：

　　上士無爭，下士好爭；上德不德，下德執德；執著之者，不名道德。眾生所以不得真道者，為有妄心。既有妄心，即驚其神；既驚其神，即著萬物；既著萬物，即生貪求；既生貪求，即是煩惱；煩惱妄想，憂苦身心；便遭濁辱，流浪生死，常沉苦海，永失真道。真常之道，悟者自得。得悟道者，常清靜矣。

MEMO

人生顧問 476
簡少年現代生活改運書

作　　　者 —— 簡少年
主編暨企劃 —— 葉蘭芳
校　　　對 —— 聞若婷
封 面 設 計 —— FE 設計葉馥儀
服裝與造型 —— plain-me
內 頁 插 畫 —— Littse
內 頁 排 版 —— 張靜怡

董 事 長 —— 趙政岷
出 版 者 —— 時報文化出版企業股份有限公司
　　　　　　108019 臺北市和平西路三段 240 號 3 樓
　　　　　　發行專線 —— (02) 2306-6842
　　　　　　讀者服務專線 —— 0800-231-705・(02) 2304-7103
　　　　　　讀者服務傳真 —— (02) 2304-6858
　　　　　　郵撥 —— 19344724 時報文化出版公司
　　　　　　信箱 —— 10899 臺北華江橋郵局第 99 信箱
時報悅讀網 —— http://www.readingtimes.com.tw
法 律 顧 問 —— 理律法律事務所　陳長文律師、李念祖律師
印　　　刷 —— 勁達印刷有限公司
初 版 一 刷 —— 2023 年 3 月 17 日
定　　　價 —— 新臺幣 380 元
（缺頁或破損的書，請寄回更換）

時報文化出版公司成立於一九七五年，
一九九九年股票上櫃公開發行，二〇〇八年脫離中時集團非屬旺中，
以「尊重智慧與創意的文化事業」為信念。

簡少年現代生活改運書／簡少年文 . -- 初版 . --
　臺北市：時報文化出版企業股份有限公司，
　2023.03
　312 面；14.8×21 公分 .
　ISBN 978-626-353-521-3（平裝）

　1. CST：命書　2. CST：改運法

293.1　　　　　　　　　　　　　　112001259

ISBN 978-626-353-521-3
Printed in Taiwan